Shpirtrat s'kanë adresë

ILIR MAGJISTARI

SHPIRTRAT S'KANË ADRESË

- letra të padërguara -

RLBOOKS

Autor: **Ilir Magjistari**

Titulli: **"Shpirtrat s'kanë adresë"**

© Copyright Ilir Magjistari

Redaktor: Arben Bllaci

ISBN
978-9928-044-07-5

Kopertina: Dritan Kiçi
Fotoja e kopertinës nga Alex Fu, Pexels.com

Printed and distributed by
RLBOOKS

TY, DASHURI E PARË

Sot çeli ditë e bukur, me diell të ndritshëm. Ulur në një bar për kafenë e mëngjesit, sodisja rrugën e lagur nga shiu i natës që e kishte bërë ajrin edhe më të tejdukshëm.

Mes kalimtarëve të pashë edhe ty, dashuria ime e parë. Sikur të ma ndjeje vështrimin, ktheve kokën e më pe. Ece para, ktheve përsëri kokën si për të vërtetuar atë që pe dhe ike ashtu indiferente, e brishtë. Sigurisht, nuk mund të bëje ndryshe.

Sesi m'u duk. Mes gjithë këtyre njerëzve, ne kemi qenë të njëri - tjetrit. Dhe sot... Jemi të panjohur, njësoj si me të tjerët, pa pasur asnjë mundësi afrimi. Eksperiment i dështuar do quhej.

Sot në mëngjes ishte hera e parë që i besova realisht telepatisë kur ktheve kokën e më pe. Të kisha dashur dhe nuk di pse. Edhe ti më kishe dashur, por mbase edhe ti nuk e dije pse. Dhe ishim larguar nga njëri - tjetri, ndoshta jo papritur, por edhe këtë nuk e dimë pse. Mbase kishe dashuruar ëndërrën dhe nuk e kishe gjetur.

Ishim lidhur. Dhe kishe hyrë në ëndërr duke shijuar vetëm të bukurën e saj. Mbase edhe ti ashtu... Dhe brenda ëndërrës, kishim ëndërruar përsëri e përsëri. Mbase nuk shihnim të njëjtën ëndërr...

Dhe ja, u zgjuam të dy dhe pamë që ishte vetëm një ëndërr, ndoshta edhe ajo ku ishim të dy.

Jemi larguar nga njëri - tjetri njësoj, pa mllefe, jemi larguar me dashuri të padashuruar... Ëndërra sërish vazhdoi, po tani e shihnim veç e veç, megjithëse ishim zgjuar. Se si m'u duk të dashurohesh me ëndërrën! Si të shihesh në pasqyrë e të dashurosh veten.

Po ti?

U ngrita nga bari. Këmbët më nisën në rrugën ku ike. Thua u nisa të të ndjek e të të pyes:

"- Ç'të bëj me ëndërrën?".

Ah, mos nisa vallë sërish të ndjek ëndërrën? Po kjo nuk është rruga ime, nuk është ëndërra ime... Këtë ëndërr e kam parë një herë dhe u zgjova i trishtuar.

Po ti?

U ktheva pas me një qeshje të lehtë buzëve që m'i kishte tharë thëllimi i mëngjesit. Ëndërrat gjithashtu... Shohim secili ëndërra të ndryshme dhe nuk e dimë. Uroj që ty të të dalin më të bukurat.

Na rrëmben jeta dhe kujtojmë se shohim të njëjtën ëndërr...

janar, 2010

ËNDËRRA QË PREK

Nis këtë letër rresht pas rreshti e germë pas germe për tek ty. Të të bind se nuk jemi një lloj. Por nuk dua ta grisësh këtë letër. Dua ta mbash. Mbase një ditë do ma postosh si të jetë e jotja.

Unë nuk kënaqem duke dashur të mos prek. Unë kam nisur të prek. Sigurisht që ti nuk di gjë, sepse nuk prek unë, prek ëndërra ime. Nuk e ke vënë re? Ajo bredh nëpër flokët e tu, lodron aty. Nuk e ke vënë re sa shpesh i rregullon flokët? Të duket se diçka kalon e t'i prish.

Ëndërra ime të kalon mbi sy dhe i bën të ndrijnë fort. Shihu në pasqyrë e do bindesh. Ata shpesh edhe lagen bukur.

Ëndërra ime qëndron mbi buzët e tua. Prandaj ti qesh shpesh. Sa herë i lyen, ajo përskuqet nga ndrojtja, dëshira. Këmbëngul të rrijë aty.

Ëndërra ime zbret mbi supet e tu. Nuk e ndjen? Nuk e ndjen sa shpesh i lëviz mrekullisht supet? Dhe bën mirë, sepse merr frymë mrekullisht. Ajo shpesh bëhet ankth dhe të merr frymën. Por është e bukur. Mos ma shaj ëndërrën! Ajo ndalon mbi gjoksin tënd dhe jep ato rrahjet që flasin... Që flasin e s'dinë çfarë thonë, sepse nuk i komandon më ti.

Ajo ndalon mbi këmbët e tua dhe ecën me to. Ti

shpesh i ndjen të mpira e s'di ku të çojnë. Por ndihesh mirë, ndihesh bukur. Sepse ajo di të ecë me ty.

Përkëdhele ëndërrën! E ke në duart e buta e të bardha. Prandaj të dridhen lehtë. Kanë brenda ëndërrën time...

Ti nuk je më ti. Por mos ki frikë. Je më e bukur, je më e mirë. Je më guximtare. Nuk vdes dot kollaj, sepse tani je me të, jeni dy.

I ndjen të gjitha, i ndjen! Je ti e pira e papirë. Ahaha!... Je ti, por e pirë është ëndërra që të deh.

Ah, unë nuk dashuroj dot pa prekur. Sepse ëndërra m'i hedh prangat që sa lind e më mban peng. Unë, mëkatari njeri!

Ishte për ty.

Tani po e nis.

Të erdhi?

Fol, të erdhi?

Zoti e dhëntë të mos mbetet rrugës! Nisu, nisu për këtej, mbase e gjen ku mbeti! Nuk dua të ngjyroset rrugës. Dua të mbetet e bardhë. Shumë - shumë, një purpur si i faqeve në thëllim. Aq! Le të jetë e prekshme, njerëzore.

Po iki dhe unë. Po nisem s'di për ku.

Nuk po më lë më ëndërra të bëj si dua...

25.12.2014

PËRTEJ STINËS

Këtë letër e nis për ty. Po, po, enkas për ty!

Nuk dua të habitesh. Eh, jo se nuk dua, por nuk do më vinte mirë të habiteshe. Nuk do më pëlqente edhe aq as që ta prisje këtë letër. E kjo do të thotë se në fakt nuk di ende se çfarë dua të të dërgoj ty apo stinës që sapo shkoi.

Ti do shqetësohesh e do bëhesh merak si gjithnjë, por ja që ndodh.

Mëngjesi erdhi ca më i grinjtë se çduhej. Dola rrugëve të qytetit, ndjeva ato pëshpërimat e zakonshme, ato zhurmat për të cilat të kam folur aq herë, që ty të habisin dhe të bëjnë merak.

Jo, jo!... S'ka gjë për merak. Të jap fjalën që asgjë nuk është për t'u shqetësuar. Po ja, si të të them!... Stina kishte mbaruar, vjeshta domethënë e bashkë me të edhe koha kur bien gjethet. Pemët m'u dukën të shqetësuara, degët e zhveshura si gishtërinj drejtuar nga qielli për t'u lutur që dimri...

Ato gjethe ishin peng i dimrit. Ai qeshte me to, ndërkohë që zogjtë e alarmuar bërtisnin në qiell:

"Zhzhzh... zhzhzh... Do kemi dimër të egër!".

Pemët vuanin vetminë e tyre, ndonëse në park dukeshin të tëra bashkë. Era ndihej ninullë që u merrte mentë. Secilës dukej se i dhimbte shpirti i

vet, të përgjumura në kokëfortësinë për gjumin le-
targjik që i priste. Fundja, pse duhej të ndjeja unë
përgjegjësinë që po më dhimbseshin kështu?

Për gjethet po. Po, po!... Ato janë letrat e mia të
padërguara ty. Dhe sa shumë qenkan! E ndjeja që
nuk t'i kam thënë të gjitha. Por ka kaq shumë për
të thënë sa... Sa as një stinë nuk mjafton. Le që...
Eh, ç'them dhe unë! Duhen shumë stinë, sepse va-
zhdimisht më vjen diçka për të thënë dhe zor se do
mbarojnë ndonjëherë.

Po fundja, gjithçka është si më parë, nuk duket
dhe aq dënimi që mora, aq sa të mund të them se
ç'dua edhe tani. Fundja, konvencione janë ditët.

Ndaj ta nis ty këtë letër. Ty që di të më kuptosh
më mirë se kushdo tjetër. Mbase nuk jam vonë...

Stinët ndërrohen, ne jemi po ata, jetojmë, japim
e marrim emocionin që duam nga stinët. Edhe ato
jetojnë ngaqë jetojmë ne.

Ndryshe si mund të jetonin!

02.12.2014

PO TI SIKUR

Kujtoj që... Eh, them "kujtoj", se s'ka si të jetë ndryshe, por duhet të jetë kështu.

Kam nisur të flas me shprehje habitore që kur nisa të ekzistoj. Njoha fillimisht njerëz që i desha dhe i dua shumë. Mes tyre edhe ty. Prandaj shpesh të them se ka kohë që të njoh. Që në lindje. Mbase - mbase që në ngjizje. Thonë se njeriu nuk i mban mend të gjitha, ndaj duhet të jetë kështu.

Por di se ty të kam folur shumë, shumë. Me ty ndihem vërtet gjithë ditën. Të flas e më përgjigjesh. Më flet e të përgjigjem.

Dhe nis e të shkruaj ato letrat që nuk i dërgoj kurrë. Dhe ti e di pse. Sepse ti nuk ke adresë. Sepse ti nuk ke emër. Ndaj njerëzit më shohin të habitur dhe unë vetëm buzëqesh. Sepse vetëm unë e di të vërtetën...

Po vërtet, kush je ti? Ku je ti?

Ke emër? Në fund të fundit, a je?

Unë të ndjej gjithmonë...

Buzëqesh, vazhdoj të flas, të shkruaj, besoj gjer në fund të rrugës. Dhe ndihem mirë!...

22.11.2014

DORAZI

E di, këtë letër nuk do ta nis as me postën elektronike, as me zarf edhe pse ato vajzat me uniformë më buzëqeshin sa herë shkoj në postë.

Unë e di ç'është ajo buzëqeshje. Më japin të kuptoj se jam relike në kujtesën e tyre. Dhe në fakt kanë të drejtë. Ashtu jam. Relike e një kohe kur njerëzit dinin të duheshin.

Eh... Mos u vrenjt kaq edhe ti! Edhe sot duhen. Sipas mënyrës së tyre sigurisht. Po fundja edhe unë sipas mënyrës sime dua. Shfrytëzova rastin që sot nuk ishe dhe lexova shumë gjëra, aqsa kishe shkruajtur prej kohësh, që atëherë kur unë nuk isha. Në fillim u ndjeva mirë. U ndjeva unë... Buzëqesha ëmbëlsisht. Pastaj... u ngrysa. Aty lexoja gjithë ç'qenë tonat, mërzitë e mia, mërzitë e tua, grindjet... Më ngrohte shpirtin gjaku që bënte vrull tek lexoja sa më doje. Por u mërzita, u bëra xheloz kur pashë kohën që i kishe shkruar... Qesha, u talla pak me veten. Qesëndisja dhe kujtoja se edhe unë kisha qenë diku fundja, me ose pa ty.

Ashtu siç kishe qenë dhe ti pa mua. Pastaj qesha se u ndjeva në ëndërrat e tua, siç ishe ndjerë edhe ti në të miat... Po, po qesha... U ndjeva mirë, sepse vetëm njerëzit mund të komunikojnë shpirtërisht kështu si ty, edhe kur nuk jam unë, edhe kur nuk ka asnjë tjetër. Njeriu asnjëherë nuk ndihet vetëm.

Ah, s'mbaj mend ç'kam shkruar më lart. E dija që do ndodhte, prandaj nuk do ta nis me postë këtë letër, do të ta jap dorazi e do të të them:

- Lexoje pasi të iki unë, tani dua të rri me ty. Më ke munguar...

20.11.2014

SHPIRTRAT S'KANË ADRESË

Єh, sa herë e kam shkruar këtë letër e nuk e kam dërguar dot! E di pse?

Se nuk gjej adresën e shpirtit tënd.

Në fakt unë e di që shpirtrat nuk kanë adresë, ata e gjejnë njëri - tjetrin në hapësirë me tinguj e me aroma. E mjera letër e padërguar është zhubrosur e vjetëruar nëpër xhepa. E kam rishkruar disa herë pa guxuar ta nis. S'di pse më është krijuar ideja se do humbasë rrugës e nuk do mbërrijë tek ty.

- Më thuaj një gjë të bukur. - dëgjova të të thoshte shoqja që kishe në krah.

Ndërsa unë me shokun tim ishim në tavolinën tjetër, të mërzitur nga humbja e ekipit që donim.

- Lule. - pëshpërita, thua se kërkesa qe për mua.

Të dy tavolinat heshtën.

- Ç'pate? - më pyeti shoku në krah.

- Hiç, ashtu kot...

Dhe vura re se të tre ju më shihnit mua.

- Të njeh? - pyeti shoqja.

Ti u ktheve, më pe e skuqur në fytyrë dhe ngrite supet e habitur.

- Vë bast, kjo është Luljeta. - i mërmërita shokut.

U ngrita i mpirë, i pasigurtë dhe erdha te ju.

- Besi! - u prezantova dhe i zgjata dorën shoqes tënde.

- Margarita! - më dha dorën ajo e habitur.

- Luljeta! - m'u drejtove ti, ende e skuqur.

- Toni! - u afrua edhe shoku im.

- Na falni që u futëm kështu! - mërmërita si në faj - Po ja, thashë një gjë të bukur... - u justifikova.

Të dyja qeshët, po ndjeva që ti ishe si e zënë në faj. Më pe gjatë.

- Jo, s'ka gjë. - tha Margarita - Lulja e bukur është.

Nuk di si nuk e ndjeva më humbjen e ndeshjes.

Rrugës për në shtëpi pëshpërisja duke qeshur. Lu... Lu? Nuk e di ç'ndodhte me ty, por isha i sigurtë që shpitrat tanë ishin pranë.

E nesërmja rastisi e diel e që në mëngjes mora një sms nga ty. Më pyesje: "Je më i qetë nga humbja e ndeshjes?". Ndeshjen e kisha harruar. Ty jo... Shkëmbyem shumë mesazhe, ftuam njëri - tjetrin kaq herë për një kafe. Po ja, sikur s'na bëhej mbarë.

- Kam një fuçi në ballkon. - të thashë një herë. - Mbushur me çfarë thua ti?

- Me verë?

- Ncuq...

- Me raki?

- Jo, jo...

- Me...

- Me kafetë që do kishim pirë gjer tani! Hahaha...

Si rastësisht u takuam prapë te lokali i asaj mbrë-
mjeje, po kësaj radhe pa Tonin dhe Margaritën.

- Lu... Lu! - pëshpërita e të putha miqësisht në
faqe.

- Po!?

- Kam mall...

Kur kamarjeri po merrte porosinë, ti kërkove:

- Keni kafe fuçie?

Unë e kamarjeri shtangëm të habitur, por ti s'e
mbajte më të qeshurën. Çapkëne...

Dhe kështu vazhdonin ditët e dashurisë.

- Lu... Lu ?

- Po?!

Dhe gugatje duke nuhatur në qafën time...

- Ti je shpirt? - pyesje herë pas here.

- Nuk e di. - ngrija supet.

Vërtet, çfarë isha unë për ty, po ti për mua?

- Lu... Lu?

- Do bëj parfum me lëkurën tënde. - më trembje
duke qeshur.

Më vinte mirë, të përkëdhelesha.

- Ti je mjellmë që lundron në liqenin tim të qetë.
Të mbaja mbi gjoks.

- Hahahaha!...

Qeshje.

- Ti je mjellmë dhe unë Nils Holgersoni. Flu-
turoj në parajsën ku më çon ti...

Nuk di ç'ndodhte, por ti mërziteshe kaq shumë
kur ndaheshim.

- Të dua këtu, pranë vetes. Nuk jam mirë, nuk jam e qetë kur ti nuk je. Trembem, lotoj, vetëçirrem, nuk të dua më, nuk të dua larg...

- Lu... Lu, pse kështu?

Dhe të fshija lotët, dhe vërtet i ndjeja makthet e tua sa herë më duhej të ikja.

- Tani po iki...

- Ah, edhe pak, edhe pak...

- Mirë, edhe pak.

Dhe putheshim e shtrëngoheshim pa mbarim.

- Dua të të kem këtu! - tregoje stomakun - Të të ha e të rri e qetë.

- Lu... Lu? Më trembin këto dëshirat e tua. Hahaha...

Shumë herë ditët vraponin vërtet, aq sa s'e besonim më njëri - tjetrin.

- Ti nuk më kupton...

- Jo! Je ti që nuk më kupton mua...

Dhe mërzitë zgjateshin si çamçakëz i përtypur orë të tëra.

Ah, çamçakëz! Të dhashë një natën e parë e të preka buzët, se ky qe kushti. M'u dogj dora, puthja jote mes gishtash ma shëroi. Edhe shpirtin. Po tani jemi larg. Keq, vërtet shumë keq.

Një mbrëmje hyra në dhomën tënde. Sigurisht që nuk më ndjeve. Kishe lënë dritaren hapur. Mënjanova perden e hyra lehtë - lehtë, t'u ula pranë, atje ku flije e të vështroja tek lodroje me ëndërrat. Herë qeshje, herë ngryseshe. Pastaj qetoheshe.

Po vërtet, kështu është jeta.

Të mbulova. Më ndjeve e trembur, psherëtive dhe u ngrite, pive ujë frigoriferi. Nuk doja të më shihje dhe hyra i pari në shtratin e ngrohtë. Ah, u kujtove e mbylle dritaren. Po unë nga do dal?

Ah, Lu... Lu, Lu... Lu!

Erdhe në shtrat. Tek po dremisje, të preka. Ta vura dorën mbi gjoksin e bukur. Më përqafove, më shtrëngove fort, më puthe pa mbarim. Ti edhe sot kujton se ishte ëndërr...

- Lu... Lu?

- Po, shpirt! Marrëzisht të dua! - thoshe nëpër gjumë.

Bëmë shumë dashuri atë natë. Që nga ajo natë kam ardhur shumë herë. Mbase edhe më ke ndjerë, nuk e di.

Po tani jemi larg, nuk kuptova kurrë pse.

Shpesh më duket ëndërr e bukur, por e largët.

Po ty, Lu... Lu?

Nëse kjo letër gjen rrugën e të vjen, më shkruaj!...

2012

STINËT E MIA
I NDËRRON TI

Nuk e di nëse do ta nis vërtet këtë letër. Gjith-monë të shkruaj, besomë, por sapo mbaroj dhe e lexoj nga fillimi, nuk më pëlqen. E gris. E shkruaj përsëri, përsëri e gris. Gjithnjë më duket se ti meri-ton më shumë.

Por sot po ndodh ndryshe. Më ka marrë malli aq sa germat më duken xhevahirë, kur mendoj se do nisen e do mbërrijnë tek ty. Mbase kur ta lexoj në fund, do më duket përsëri budallallëk dhe do përfundojë në kosh.

U bë kohë që s'jemi parë. Ti thua ishte pranverë e vonë, unë them ishte verë e hershme. E ç'rëndësi ka saktësimi! S'ka bërë edhe aq verë sa të nda-heshin stinët. Mua bile më duket se vjeshta erdhi menjëherë pas pranverës. Vetëm ngjyrat ndryshu-an. Thonë se qyteti yt ka vjeshtë të bukur. Edhe mua më pëlqen qyteti yt në vjeshtë, por jo se e thonë të tjerët, ë. Mua më pëlqejnë të gjitha stinët, edhe dimri. Është i bardhë, i heshtur...

Të kam thënë? Dimri i ka netët të gjata.

Eh, sikur nuk e di ti!

Shpesh më pyet kur do vij. Edhe unë ashtu të pyes.

- E di ç'ke? - më the një herë - E ndajmë rrugën përgjysmë?

- Për së gjati apo për së gjeri? - qesha unë.

Edhe ti gurgullove burim me të qeshura pas telefonit.

Por tani po ta them. Në shtëpi mora një hartë, një kompas e vizore dhe si kapiten anijeje nisa të gjeja ku binte mesi i rrugës. Pastaj nisa të vizatoja portretin tënd. Më doli peisazh pranvere. Ahahaha!

Ja, kështu çmallem sado pak me ty, gjersa të takohemi.

Në qytetin tim po ndërrojnë stinët, po rrallohen dallëndyshet. Me siguri vijnë nga ty. Stinët e mia duket se i ndërron ti. Po vjen vjeshta këtu dhe bashkë me vjeshtën të pres të vish.

Eja!

Nëse nuk të vjen as kjo letër, dije, ka shkuar në kosh me të tjerat...

15.09.2014

LETËR ESMERALDËS

E mira e ëndërrave të mia!

Kam lindur kështu siç jam sot, por nuk e dija se ç'isha. Kam lindur, ah, kam lindur nuk di se ku, por vetëm shihja njerëz dhe kujtoja se isha si ata. Më duket se kam lindur nga barku i kambanave, ndaj ua di gjuhën. Një ditë, tek shihja mjellmat e bukura në liqen i ndoqa t'i kapja. Isha fëmijë dhe nuk dija se çbëja. Por, ah! Aty, buzë liqenit u tremba tek laga këmbët. Më doli "gjumi" dhe u kujtova se nuk dija as not. Ula kokën të shihja këmbët e trasha, me gunga plot dhe pashë mbi ujë... Oh, pashë mbi ujë një xhind të shpifur dhe klitha. I klitha vetes me frikë, aq sa edhe mjellmat ikën të trembura, e lanë liqenin të ishte vetëm imi. Shkoja e vija mbi ujra, gjersa vërtet besova se isha unë zot i tyre. Atëherë kuptova trofenë që fitova, "Mbret shëmtie". Sot nuk më dhimbset shëmtia ime, u rrita me të, u rrita me pjesën më të hidhur të qenies sime. Sepse nuk mund ta doja të bukurën, ma kishin ndaluar që kur hapa derën dhe hyra në këtë botë. Me këtë dhimbje ushqeva shpirtin, urreva të bukurën që nuk ishte për mua. Por ty jo e jooo!... Ndaj hyra në manastir të zgjoja njerëzit, t'i kujtoja se kambana e shëmtisë jam unë dhe e bukura është kaq larg nga unë. Ndaj të rrinin të qetë!

Por ty kurrë nuk të urreva, ndonëse ishe e bukur. Nuk kam dashur të jem më në këtë jetë, por s'kam çbëj. E dua se është e shëmtuar. I dënuar të rroj kështu siç jam. I dënuar të rroj pa ty. E ndjej se po më ikën nga çdo hapësirë për të mos ardhur më. Dua të oshëtij më fort se çdo kambanare:

- Esmeraaaldaaa!

Por ti nuk dëgjon më. As unë.

Thonë se pas shumë vitesh do na i gjejnë eshtrat përqafuar, por nuk di sa ta besoj.

I yti,

Kuazimodo!

02.06.2014

E KUJT ËSHTË KJO LETËR

Nuk di që kur e kam shkruar këtë letër. Mbase prej shumë kohësh, por më duket si ta kem shkruar tani, sepse gjithçka është kaq e freskët. Për asgjë tjetër më shumë. M'u kujtua se të pata thënë që fjalët e shumta shpesh ngrenë kështjella rëre që duken aq të bukura, por që nxehtësia e diellit, era i thajnë dhe i shembin shpejt. Më pas mbetet një bosh, sikur të mos kenë ekzistuar ndonjëherë. Sidomos të mbetura në shkretëtirë. Kjo as për fajin tënd, as për timin, po të gjithçkaje të provuar se nuk mund të ndodhë ndryshe.

Se më kishte ndodhur.

Prej kohësh ka hyrë si hon mes nesh. Tani më dukesh vërtet e huaj. Ua kam harruar shijen mbrëmjeve kur prisja fjalët e tua dhe i gëzohesha çdo tingulli. Të lutesha: "mos fol, heshtja flet vetë". Të kisha premtuar se nëse vjen diçka e bukur mes nesh, lëre të vijë siç do, edhe në heshtje qoftë. Vetëm të jetë e bukur.

Më duhet të kujtoj se premtoja vetëm që nga unë nuk do kishe kurrë lëndime, as plagë, as braktisje epokash të panumërta që prisnin të ndërronin njëra - tjetrën. Asgjë tjetër... Dhe kështu ndodhi.

Më duhet të të kujtoj se ishe ti që më njomje

supin me lotët e heshtur, që luteshe, që s'doje të më humbisje për asnjë arsye... Të premtoja se kjo s'kishte pse të ndodhte. Ti flisje, unë heshtja.

Ka ardhur koha të besosh që ike ti.

Le plagë pas, lëndim. Po, po! Ti...

Jo, jo! Nuk them që ishte braktisje, sepse asnjëherë nuk u tretëm te njëri-tjetri. Nuk na linin fjalët. Dhe pa qenë tretur, s'ka si të ketë braktisje.

Pastaj nisa unë të flas dhe të heshtje ti.

Ndryshim rolesh. I parëndësishëm, sa kohë thoshnim se ishim të njëri-tjetrit.

Ndjej që tani formon figura elegante nëpër yjësi të tjera. Sa më pëlqenin! Zodiaku yt "perëndeshë" ishte aq i veçantë, aq i bukur, siç dije ta formësoje vetëm ti me ato duart e buta.

Por tani Troja është djegur...

Tek-tuk nëpër rrënoja gjej mendime të bëra fosile, fjalë që nuk i flasim më. Habitem dhe nuk i ndaj dot, ishin të tuat apo të miat.

Ç'rëndësi ka?

Kujtoj vetëm që ishte prag feste.

Apo kishte kaluar?

...E gjeta këtë letër në një qoshe të sirtarit të kujtimeve.

Herë më duket imja, herë se ma ke dërguar ti.

Të kujtohet e kujt është?

29.12.2015

MOS KUJTO SE...

Të thashë që do vonohesha. Të thashë kam punë, shumë punë. Nuk e di pse u mërzite aq. Heshtja jote më vret. Më vjen të ulërij, ta marrë vesh gjithë bota pse mungova.

Më duket kaq habi që nuk më kupton. Më duhet të të kuptoj dhe të qesh, kur thua se më njeh prej kohësh.

Pse habitesh? Ke qenë ti që më vije pas kur mbaronte mësimi. Po, po! Ti! Mos bëj sikur nuk kupton. Mos bëj sikur nuk kujton...

Ti ke qenë! Më thoshe "mirëmëngjes" kur ikja në shkollë. Më kaloje vetëtimë me biçikletë dhe sa nuk plasje nga dëshira të më prekje. Sado pak... I bije ziles që larg. E mbaj mend si tani atë tingull. Më dukej aq i bukur. Vetëm të ndiqja me sy. Të shihja shpinën përkulur mbi timon tek largoheshe.

Ti ke qenë... Ti edhe kur më more në çadër gjer te stacioni i autobusit. Edhe kur më the: "je zog, s'duhet të lagesh, se nuk fluturon dot pastaj". Qeshje si i marrë e më shihje në sy. Unë heshtja. Të ndoqa me sy gjersa autobusi u nis. Pas xhamave me avull nuk u duke më. E shihja me indiferencë, me habi fatorinon që më qëndronte përballë.

"Po ky ç'do?".

"- Biletën, zonjushë"...

Unë qesha e të kërkova me sy. Ai iku, kujtoi se dikush, ti kush tjetër, kishte paguar biletën për mua. Sa qesh kur kujtoj ato çaste!

Pastaj mbrëmjeve, kur dilja nga mësimi i pasditës, nga stërvitja, nga kursi i anglishtes... Ti përsëri kaloje pranë dhe thoshe vetëm: "natën e mirë". S'kuptoja pse ikje aq shpejt...

Po, po! Ti ke qenë, mos e moho!

Një mbrëmje vjeshte sa nuk të kërceva në biçikletë, të strukesha aty pas teje. E dija. Asnjë polic nuk do na thoshte gjë... Ta mbështesja veshin në shpinë, të të rrethoja belin me duar, që të... mbahesha mos bija. Ahahaha! Ti sikur kishte frikë mos të dëgjoja gurgullimat e brendshme, ndaj përshëndesje dhe ikje shpejt e shpejt.

Pastaj, vonë - vonë, kur mësoja, vije dhe lexonim bashkë. Më shfletoje faqen e librit.

"- Jo kaq shpejt, s'e kam lexuar akoma". - këmbëngulja.

"- Eh, s'ke për ta lexuar më". - qeshje.

Rrinim ashtu, pa folur. Pastaj ikje nxitimthi, më lije në një heshtje të dhimbshme, duke pritur gjumin që shpesh ma trembje po ti, ose më dilje në ëndërr edhe kur arrija të flija.

Po, po, ti! Ti ke qenë. Nuk di pse duhet t'i mohosh këto. Kam vite që të njoh, kam vite që të ndjej. Kam pritur kaq shumë të t'i them këto fjalë dhe më vjen kaq keq që më sheh kështu, i habitur. Se unë i di përmendësh gjithë fjalët e tua. Kurse ti mërzitesh nga heshtja ime, nga vonesa ime.

Të të them diçka? Sot dikush ktheu kokën e më pa me habi kur po kaloja rrugës. E kuptova, donte të më fliste. S'pati faj, kujtoi se i fola atij. Nuk e dinte që flisja me vete, me... ty. Nuk e dinte që je gjithë ditën me mua. Ndaj i buzëqesha dhe fjalët për ty i bëra melodi. E di cilën? Atë melodinë që të nxirrte në dritare. Dhe m'u duk se më erdhe përsëri pranë.

Hipa në autobus dhe u habita kur faturinoja mbajti lekë për dy bileta. Pashë kusurin, vura buzën në gaz dhe heshta. Shumë vite më parë, po ky fatorino nuk më kërkoi fare biletë.

Qesha, qesha me ty në mendje...

Dil tani, dil se erdha!

Ti e di, kjo letër do vijë shumë vonë.

Ose... Nuk do vijë fare. Se është nga ato kjo letër.

Nga të padërguarat kurrë...

21.11.2015

MËNGJES I TRISHTË

Jo se isha zgjuar, por e prisja atë lëvizje, atë zhurmë në derën e jashtme.

Nxitova të shoh. Asnjeri...

Aty më tutje një djalë i buzëqeshur më tregoi çantën që mbante në shpinë. Kishte aq shumë letra, mesazhe e njoftime... Nuk e di pse mendova se qenë për mua. Të ulesha, t'i hapja një nga një me dëshirën se vinin nga ty.

Sikur të më lexonte, djaloshi qeshi bukur dhe më bëri shenjë. Letrën për mua e kishte fëshfëritur nën derë. U ktheva dhe... Vërtet.

Sot nuk e mora si çdo ditë "mirëmëngjes" -in tënd. E prita mëngjesin gjithë natën. Pse u ndjeva trisht, si mund të kishte "mirëmëngjes", pa pasur më parë një "natën e mirë"?

E di çdo thuash dhe mbase ke të drejtë. Do thuash që faji është imi. Por gjithësesi...

Unë prisja të m'i kaloje duart në flokë...

"...Ti ke flokë të bukur, je krehur kaq bukur, nuk më bëhet të t'i prish".

"Jam krehur për ty"...

Unë prisja të më puthje sytë. Gjithnjë më thua:

"...Ti ke sy kaq të bukur, kaq të kthjellët! Nuk më vjen mirë të kenë lotë".

Sytë më shkëlqenin për ty.

"...Ti ke buzë kaq të bukura, kuqëlojnë e fryhen mrekullisht! S'di si më duket të t'i copëtoj puthjesh pa mbarim".

Ato kuqëlonin e fryheshin nga dëshira për ty.

"...Je veshur kaq bukur sonte, ndrin e tëra! S'më vjen të t'i zhubros këto rroba, këtë fustan".

Unë digjesha nga dëshira të më prekje. Të ndjehesha gjoks më gjoks frymëmarjesh pasioni.

Ti ece para dhe m'u duke kaq i largët, kaq i ftohtë në ndrojtjen që të nënshtronte parreshtur. Pse heshtje? Ajo heshtje më ftohte shpirtin. Më vinte t'i prishja vetë flokët në atë marramendje, buzët t'i kafshoja vetë, të zhvishesha, të çirresha gjer në lot që t'u merrnin syve shkëlqimin. S'di se ç'do pëlqeje pastaj në atë tornado të rrëmujshme.

Të kujtohet ç'më ke thënë?

"Sa trembesh ti nga malli im!".

"Sa trembesh ti nga nga puthjet e mia!".

"Sa trembesh ti nga shtrëngimi e pasioni im!".

"Sa trembesh ti kur më bëhesh ëndërr!".

"Bah! Sa trembesh e unë mezi të pres!".

Dhe mësova të mos trembem. Po mbrëmë nuk munda të fle. Sikur më shembeshin mure në kraharor, binin gurë dhe më çirrnin shpirtin.

Ti shpesh më tregon ëndërrat e tua. Sa bukur! Dhe unë qesh në lumturinë time.

- Vërtet? Vërtet kaq shumë ëndërra sheh ti? Dhe kaq të gjata? - pyes me naivitet e djallëzi të mirë që të vazhdosh të më tregosh...

- Po! Se gjërat që dua nuk i lë të më ikin, të më mbarojnë kaq shpejt. - thua duke qeshur.

Dhe sa herë më tregon nga ato ëndërrat e tua, mua më lidhet fjala. Vetëm dëgjoj e dridhem nga emocioni i magjisë së fjalëve të tua.

Pastaj, si të m'i lexosh mendimet pëshpërit:

- Leri gjërat të vijnë vetë, se vijnë edhe më bukur. Sigurisht, nëse duhet të vijnë.

Po mbrëmë... Ah, mbrëmë nuk ishe ti! S'di pse kënaqesh të rrish vetëm në ëndërra.

Të kujtohet sa herë nisëm të përshëndeteshim? Dhe ktheheshim prapë, merreshim me fjalë, tregonim gjëra pa lidhje, të tejdukshme, pa ngjyrë, pa kuptim më dukeshin. Pa shije...

Ç'mund të bëja tjetër?

Nuk kam fjetur gjithë natën. Mos u mërzit, nëse nuk e dëgjoj telefonin. Do fle tani. Mbase shoh ndonjë ëndërr më të bukur se e mbrëmshmja. Po ti... Mos i beso të gjitha.

Letër nga ty? Që mbrëmë, gjer sot? Sa shpejt erdhi! Më theri në shpirt trishtimi yt. S'di pse. Vërtet që nuk e di.

Po nisem të vij të qetësoj shpirtin e trazuar.

Po nisem për tek ty. Më pëlqejnë aromat e mëngjesit, kanë gjurmë ëndërrash, kanë ngjyrë...

Do të të zgjoj, patjetër që do të të zgjoj!

Të t'i zbukuroj ëndërrat...

17.11.2015

NUK PUSHON
SHPIRTI

Të kërkoja atë ditë në mënyrën time.

Kërkoja buzë të ndezura nga dëshira të pafund-me puthjesh.

Kërkoja duar që dridhen nga ankthe prekjesh të ëmbla.

Kërkoja gojë që thonë fjalë të bukura, por hesh-tin me një ngërç që as vetë s'ia di arsyen.

Vullkanë ndijimesh që të formojnë profilin e një qenieje të tejdukshme në trajtë të papërcaktuar shpirti që hesht, që pulson në ëndërra e vegime të panumërta.

Unë e di...

E di që tek ty gjallojnë lloj-lloj stinësh që përje-tojnë inkubacionin e lindjes, rritjes dhe fundit, për t'u ringjallur më fuqishëm në një mënyrë tjetër edhe më njerëzore.

Unë e di.

Di të kuptoj pse -në e aq shumë fjalëve të pakup-timta që nuk lidhen mes tyre.

Jo. Në fakt lidhen.

Janë përzierje përjetimesh që nxiton të derdhet vrullshëm.

Janë yjësi që vetëm sytë e mi mund t'i shohin, askush tjetër.

Më dukesh e bukur.

Të ribëj me kujdesin e njerëzores dhe më dukesh edhe më e bukur.

Shpirti yt ndriçohet nga zjarre që dinë kur dhe ku duhet të djegin.

Jam aty me ty.

Marr nga bukuria jote e bëhem i bukur.

Ti ribëhesh edhe më e bukur...

Shi i diellt të zbukuron qenien me ngjyra të ylberta. Por edhe e bardha ka spektrin e vet të veçantë. Te të gjitha je ti, ndaj më humbet e mezi të gjej.

Kështu të kërkoja...

Kërkoj akoma dhe ende nuk di ku je.

Kjo është arsyeja që letra mbetet pa dërguar.

E di, do qeshësh një ditë e duke më parë në sy do thuash:

- Vërtet për mua e ke shkruar?

Është e diel e papushimtë.

Se nuk pushon shpirti...

08.11.2015

ERDHA PA LAJMËRUAR

Erdha pa lajmëruar në qytetin tënd. Dhe rruga nuk m'u duk e gjatë. Rrugën për tek ty nuk e masin kilometrat, e masin rrahjet e zemrës...

Sot po ta them e mos u habit. Sapo erdha e kuptova që nuk ishe. Në ajrin e purpurt mungonte aroma jote. Brodha rrugëve të çmallesha me gurët, me trotuarët ku patëm ecur duke shkaravitur qetësinë e natës me të qeshurat e pambarimta. Ku trembëm heshtjen me takat e këpucëve që lodronin nëpër kalldrëme.

Vërtet, a mund të më thuash pse qeshnim aq shumë atë natë?

Nejse...

Pastaj u ula ndanë një trëndafili të egër dhe shihja si kuqëlonin kokrrat e rrumbullakëta. Vjeshta vetëm ato kishte lënë, e kishte zhveshur nga gjethet. Nuk e di... Shihja atë dhe s'di pse ngjethesha vetë. Tespie fildishi shkuar nëpër degë...

Po ndjeja ftohtë. E di pse? Se m'u duk që do prisja gjatë. Dhe menjëherë i thashë vetes:

"- Po a ka kohë për të pritur gjatë?".

Ty po!

Ndenja ulur gjersa dita mori ngjyrën e syve të tu... Kujtoja fjalët që shkëmbyem dhe vija buzën në gaz. E di që je me mua çdo çast.

I trembem kohës që vjen pas takimit me ty. Ajo është pritje për takimin tjetër. Jemi larg, e di. Por thonë se kur njerëzit jetojnë me njëri-tjetrin në zemër, distancat shkurtohen.

S'di sa kohë kemi pa u takuar, por më duket shumë, shumë. Kjo ndodh se më merr malli shpejt dhe më mpin mendimet, gjymtyrët, më vë në gjumë.

Po kthehem në qytetin tim. Largohem, po mali dhe retë më ndjekin pas, shtrijnë duart të më mbajnë e të më thonë: "Prit, se ajo do të vijë".

Nëpër këmbë ndjej gjethe dhe kujtoj kur thoshe: "gjethet e vjeshtës janë ditar i verës që shkoi".

Iki buzëgaz, iki larg nga qyteti ku duhej të ishe ti. Do vij përsëri.

Dhe sa më shumë afrohet takimi ynë, aq më mirë ndihem. Edhe sa mund të vazhdojë kështu? Nuk e di... Por më bëhet të të pyes shpesh:

"- Po me ty ç'ndodh?".

Në fakt, kam frikë ende të të puth, sepse e di që menjëherë do më pyesësh:

"- Çfarë jemi ne të dy?".

Dhe s'di ç'përgjigje të pëlqen ty.

Sigurisht. Tani do qeshje e do më thoshe:

"- Frikacak!".

Po se mos do ta nis këtë letër!

Me të tjerat do rrijë edhe kjo. Mbase kur ta lexosh do të kem puthur shumë herë dhe s'do të të bëjë më përshtypje.

03.11.2015

TI NUK ISHE

Ti mbrëmë nuk flisje, nuk shkruaje, nuk shihje, nuk dëgjoje. Pra nuk ishe e ndaj as unë nuk isha. Sepse nuk mund të jem unë pa qenë ti. Të kam thënë, unë jam vetëm nëse je ti.

Çasteve kur nuk je, merrem me të shkuarën. Reflektoj. Kujtoj...

Kush jemi ne?

Dy shpirtra të njohur rastësisht si emra. Të paprekshëm, thuajse fantazmë. Dy ëndërra që u gjetën pa dashje pranë njëra-tjetrës.

Të kam thënë që bota është fenomen i rastësishëm apo jo?

Ne jemi rast i veçantë i këtij fenomeni.

Pa ditur se ç'kërkonim, për çfarë i duheshim njëri-tjetrit, pëshpërisnim mbrëmjeve gjithfarë historish, herë ti, herë unë. Pastaj, si padashje adhuronim pa fund. Qeshnim, mërziteshim, shikonim para, por shumë larg. Nisëm edhe t'i thurnim lavde e t'i bënim premtime pa fund njëri-tjetrit.

Nisëm edhe të besojmë. Të thurim plane në vetën e dytë.

Mirë unë, po ti?

Po si mund të premtoj kështu? Për vete flas... Unë! Si mund të premtoj lumturinë tënde, atë që e ka në dorë vetëm zoti?

Thua vërtet e di ç'të bën të lumtur? Unë e di...
Tani njerëzit kënaqen me pak. Me atë që vetë pe-
rënditë na kanë shtirë në gjak ty dhe mua.

Dhe nëse s'do mundja të të bëja të lumtur?

Do më dhimbte gjer në palcë.

Çmund të bëj? Të bëhem urë të kalosh për të
gjetur ëndërrën tënde? A do më doje kaq pak ego-
ist?

Mos u mërzit! Janë refleksione të thashë.

Ah, më duket se jemi më mirë kështu... Si thua?

Ndihem i lodhur. Mbase nesër ta nis këtë letër.

Jo, jo nuk ka nevojë të shohësh filxhanë.

Do flasim!

Mbase janë çaste dobësie këto, po ti mos u mër-
zit. Të premtoj që lëndime nuk do ketë.

Le që, tek të padërguarat do jetë dhe kjo letër.
20.07.2015

EDEN QUHET

Më ka marrë malli.

Si gjithmonë, për t'u çmallur nis të shkruaj letrat e zakonshme. Sepse më duket se jemi bashkë sadopak çaste.

Gjithnjë ti qesh e më thua:

"- Aty jam, me ty! Nuk më ndjen? E kam dorën mbi tënden tek po më shkruan. Ndjemë... Të tregoj udhët nga duhet të kalosh për të ardhur".

Po unë nuk përmbushem dot me kaq, e dashur. Kam nisur të ndihem vetëm. Dhe ndjej si trishtimi hedh rrënjë mbi mall. E di sa ëndërra shoh? Ah, tallesh, më ngacmon e më thua:

"- Kënaqu me to".

Jo, nuk mundem, sepse zgjimi më është bërë tmerr. Zgjohem dhe nuk të gjej. Fle sërish të të gjej ku të lashë. Por ëndërrat më prishen e më ngatërrohen. Nuk dua që shkak të bëhesh ti.

Po ja, sikur...

Të lutem, nëse mund ta bësh!

Nxirre një dorë nga ëndërrat dhe prekmë flokët, ballin, faqet.

Një këmbë të më ngacmosh duke qeshur.

Një sy të më shohësh e të më miklosh.

Një vesh të dëgjosh pëshpërimat e embla që dua të të them.

Gjirin e majtë të dëgjosh si të flet ora jote.

Buzët... Ah, buzët i dua të plota!

Ti dil pak nga pak prej ëndërrës, unë të zbres nga legjenda. Të rrëmbej e shkojmë në një vend që e kam ndërtuar vetëm për ty dhe për veten.

Vetëm ne të dy.

Eden quhet.

Aty e fillojmë jetën nga e para, futemi përsëri në legjenda të tjera...

Të pres!

19.07.2015

MALL

   E ndjeja, kishte një lloj ngacmimi në vetvete, një lloj apatie që nuk ishte imja. Dëgjoja tinguj pa shquar dot çfarë ishin.

Pastaj nxitova të dal se dikush më thirri në dritare.

Pastaj nxitova të marr telefonin që binte.

Pastaj citofonia që ulërinte, zilja e derës pastaj...

U gjenda te dera e jashtme me një letër në dorë. Ah, përsëri postjeri! Ai që vrapon me çantën plot lajme, s'do ketë pritur t'i hapja derën. Nxitoj në dritare ta shoh kur të dalë nga hyrja e pallatit.

- Hej, ti! Zotni, o zotni!...

Askush për be nuk e kthen kokën. Kokëulur dhe unë kthehem në kolltuk me letrën tënde në dorë.

"-...Mos pi kaq cigare, sa herë të kam thënë! Shiko çfarë tymi! Ja, të hap dritaren dhe erdha".

I ndjeja qortimet e tua dhe përpija rresht pas rreshti vargjet e mallta, ku e ku të lagur e ku e ku të qeshur. Po kishte aq zë aty, aq dashuri...

Të thashë? Herën e fundit m'u duke më i heshtur, më i dobët, më i lodhur. Unë dua të jesh mirë, dua të jesh i fortë dhe i qeshur. Unë e di që ka njerëz rreth teje, që duan të ta shuajnë shpirtin. E di si shuhet shpirti? Me pashpirtshmëri. Ahahaha!

Po ti shmangu, shmangu. Ji ai që ke qenë. Lërmë

të të dua pa shpërblim, ashtu si di unë, dhuromë atë aromën që çliron vetëm lëkura jote. Kaq. Edhe pak pasion dua, edhe ca shtrëngime sa të hyj në gjoksin tënd të madh, të fle pak aty, që edhe po të vdes e asfiksuar, të vdes bukur...

Po qesh me siguri, tek më lexon, ë? Të pushtoj butë - butë unë...

Herën e fundit ta mbaja kokën në gjoks, të shihja në sytë që pulisje me habi, të ndjeja si fëmijë, si çamarrok e djallëzor, pastaj të ndjeja si shpirt të bukur, pastaj shdërroheshe në atë burrin me kapriço, me nerva, me atë kokëfortësinë tënde.

Edhe veset t'i dua.

Më bëhesh muzikë, më bëhesh stinë, horizont, kohë, jetë...

Alkimi sunduese.

M'u kujtua mbrëmja që na u prish makina dhe fjetëm në rrugë. Tani po ta them sa frikë kisha. Kurse ti... Ahahaaa! Ti fjete. Zgjoheshe herë pas herë dhe më puthje dorën tek të bëja fresk me një revistë mode. Kaq inat më vinte kur mendoja se të bënin fresk veshjet e atyre shalëjashtave nëpër fotografi...

Ç'ke që qesh? Shpesh më duket sikur nuk më do. Dhe kujtohem sa kohë më ke ardhur pas të më bëje tënden. Më mbushje mendjen me ëndërra. Mos duhet të të braktis që të më duash? Kështu mendoj shpesh me vete. Ahahaha!...

Po ç'më duhesh ashtu?

Ta dish sa punë kam pasur! Po ja, sa të kujtoj ty, çlodhem menjëherë. Dua të të shoh, të të flas. E ku të të gjej?

Ngushëllohem shpesh se të ndjej. Ja, këtu në mes të kraharorit. Këtu ta dëgjoj zërin, nuhas aromën, frymën tënde dhe çmallem. Po si mund të jetoj vetëm me kaq?

Të ndjej gjer në përlotje në çastet që them: "ç'po ndodh me mua, ç'po më gjen kështu vallë?". Ikin aq shpejt çastet që jemi bashkë, sa koha bëhet zero.

Unë i dua edhe çastet kur ti hesht, dashurohem çmendurisht edhe me atë heshtje. Vetëm koha të mos iki, se të merr me vete edhe ty. Por sa herë që vjen, më duket sikur vjen për herë të parë dhe nuk do ikësh më nga unë. Rri qetë aty mbi gjoksin tënd, si një zog i përgjumur duke pritur të më zgjosh. Dhe sa herë ikën, më duket sikur ikën për herë të fundit, sikur nuk do vish më.

Mbrëmjeve, tek shoh ndezur drita të vona, më duket se pas tyre patjetër je ti duke punuar, duke shkruar. Sa larg që jemi! Sa keq që nuk të ndihmoj dot! Të mos lodheshe kaq, atë kohën që do tepronte nga ndihma ime ta kalonim të dy.

S'di a ke ngrënë tani që më lexon.

Më shtrëngon shpirti, më lotojnë sytë kur mendoj se mund të duash ndihmën time e unë nuk të ndihmoj dot. E di, si amvisë nuk jam aq e mirë, por do gatuaja e do të shërbeja me dashuri. Pasi të mbaroje ushqimin do të të shihja tek flije, do të të

prekja me sy e me shpirt gjoksin, supet e bukur, kra-
hët e fortë, flokët e dendur... Që të mos zgjoheshe.
Do afrohesha të të nuhasja atë aromën që s'mund
ta ketë askush tjetër. Dhe do ndjeje puthjen time të
lehtë, ashtu si në ëndërr, pa ta prishur gjumin.

Më lër të të dua si atë natë! Pa kufi. Ishin shtrë-
ngimet më të bukura dhe puthjet më të shijshme
se kurrë më parë...

Të dua...

Të puth..."

Letra jote.

Sepse vetëm ti di të shkruash kaq bukur, me kaq
ndjenjë.

19.07.2015

DASHURIA BESON

Kjo është nga ato letrat që postjeri i hedh nën derë pa trokitur fare dhe duket sikur s'kanë ardhur kurrë. Sikur ta dija që vinte nga ty m'u drodh dora dhe shpirti. E di, tani do më shihje me inat, të duket sikur tallem me këto fjalë. Dhe qesh, qesh pak me vete duke shpalosur letrën. Të të them diçka? Mbase ti nuk e di, por je kaq e bukur edhe kur je e inatosur. Kjo s'do të thotë se unë të mërzis qëllimisht. Kur nëpër sy më vizatohen germat që ke vizatuar ti me dorën tënde, ndihem aq mirë. Sytë lagen me lëng shpirti, notojnë aq bukur...

Më the se do vije pa perënduar dielli. Nuk e di, por m'u duk se më le qëllimisht në ankth. Dhe të prita. M'u duk se lëmshi i zjarrtë tallej me mua e më përshëndeste me dorë:

- Po iki unë që të vijë ai.

Pastaj qielli u bë portokalli dhe hijet nisën të zgjaten aq sa dukeshin të frikshme.

Unë e njoh hijen tënde. Ajo ka gojë, ka sy, dëgjon, ka jetë. Ajo ndihet që qesh e lumturon. Ka aromën tënde. Dhe, e di? Ajo është e bardhë, e bukur. Nuk ngjan me asnjë hije tjetër.

Por nuk e pashë gjëkundi.

Pastaj qielli u bë jargavan. Më pëlqen shumë. E di, e di që ta kam thënë dhe herë të tjera, po ja që...

Kur qielli ka këtë ngjyrë, nuk ka më hije. Nisin ca gugurima të bukura bulkthesh në verë. Kurse në dimër, kush ka veshë dëgjon kuvendimin e yjeve.

Pastaj qielli u bë blu.

Ti ende nuk kishe ardhur. Sigurisht që nuk ka hije, por silueta.

Si? Çfarë janë siluetat? Janë hije të prekshme tredimensionale. Po ti për mua nuk ke qenë kurrë siluetë. Domethënë, o ke qenë, o s'ke qenë fare.

Më vjen të qesh kur bëj lojra fjalësh me ty.

Po vërtet, atë natë nuk fjeta. Prita diellin të lindte. Ti nuk erdhe, po unë isha me ty.

Jo, jo! Nuk kam asnjë inat, nuk të mbaj mëri. Thjesht për mua dielli nuk ka perënduar atë pasdite. U fut, u la, notoi në det dhe me zhytje, të nesërmen doli majë malit. Ahaha!...

E di, e di. Ke ulur kokën, qesh, ndihesh pak fajtor. Tani do vishesh dhe do nisesh për tek unë.

Si, si ku e di unë?

Po ti vetë m'i thua të gjitha. Dhe unë të besoj. Se dashuria beson...

Më përmendi kanati i dollapit të këpucëve që u mbyll me zhurmë. Me sa duket isha veshur duke lexuar. Tani këpucët po më lidhin me rrugën tënde.

Palosa letrën.

Pak i vrarë me veten preva një biletë për tek ty...

08.07.2014

HESHTJE QË FLET

Po ti më the se e dije që unë flisja bukur.

Ula kokën me një buzëqeshje që s'di në e pe apo jo. Po! Sigurisht që dija. Po, po dija. Dhe jo se kisha turp e frikë. S'kam pse. Por se s'dija nëse ti do më kuptoje apo jo. Sepse që të shijosh të folurën bukur duhet të dish të dëgjosh bukur.

Të të thosha se ishe e mrekullueshme, se doja të të shihja sytë nga afër, të të prekja dorën, të ndjeja aromën dhe të numëroja tik-tak -un tënd.

Sa bukur qesh ti! Ta kanë thënë?

Eh, në fakt këto janë ëndërrat e mia. Por gjithë sa mendoja e të thosha, sillte emocion. Po, pra po, nga ai i munguari i shekujve të fundit.

Doja të qeshja. Fundja, shpirtrat nuk preken.

- Kur prek trupin, prek dhe shpirtin. Si ato magjistricat nëpër filma.

- Ooo, ç'ishte kjo?

Po kur shpirtrat janë plot, është gjynah të derdhen kot. Prandaj të thashë që ajo mbrëmje ishte e përmbushur për mua. Të ndjeja që lumturoje.

- Më thuaj. Dua ta gëzoj këtë mbrëmje. Hej, kamarjer, shampanjë!

- Po tallesh?

- Jo. Pse? Di që shpirti shuhet me verë.

- Po ti ç'ne?

- Dua ta gëzoj edhe unë këtë natë lyer me hënë. E di, kështu do thoshe ti.

Dhe qeshje.

- E kishe për vete.

- Egoist... Nata dhe hëna janë për të gjithë. Dua edhe unë pak emocion, pak përmbushje me ëndërr, siç thua ti.

Ndenja i heshtur, me sytë në qiell. Yjtë shkëmbenin dritë me njëri-tjetrin dhe loznin me shkelje sysh. Nuk di ç'binte nga qielli atë natë.

- Të vij?

- Ku?

- Tek ty. Të të jap e të marr emocion.

Përgjigje asnjanëse:

- Uffff...

Pastaj përsëri:

- Ma ke ngjitur ti këtë "uff". Shtrëngatë psherëtimash pa emër.

Ndenja dhe pak, po ankthi e zjarri që s'më linin, më bënë të shkrepëtij e bubullij...

- Të vij? Ah, ç'të pyes? Mirë, mirë, po vij.

Heshtje...

- Jo, jo! Mos hajde. Ka kohë që i kam mbyllur dyert. Dhe s'di, mbase edhe çelësat më kanë humbur.

- ....

- Ç'ke?

- Uf...

- Mirë, mirë. Të të marr në telefon?

Heshta.

- Përgjigju! Të të marr?

- Ç'të të them? Është mesi i natës...

- Ti thua se di të flasësh edhe në heshtje.

- Në fakt... Mirë, mirë. Prit se të marr unë. Dëgjoma zërin...

Kërkoja emrin tënd dhe s'e gjeja. Kërkoja numrin tënd, s'e gjeja. Si numra të burgosurish mbi zemra më dukej çdo shenjë.

Nuk e paskam. Po pse ta kem? Ti je brenda tek unë. Fundja numrat janë konvencione marrëveshjesh, rastësira... Si ne të dy. Treshit mund t'i thoshnin nëntë, ose zero. Dyshit... nuk e di sa. Njëshit... Ehuuu!...

- Jo! Do të marr unë, unë të kërkova e para.

M'u drodh telefoni në dorë. U drodha se ndjeva drithmat e tua.

E hapa...

Nuk flisje ti.

Nuk flisja unë.

Fliste heshtja...

Nuk e vramë mesnatën me fjalë... Fjalët mund t'i thotë kushdo. I mëson përmendësh dhe kaq.

Kurse ne... Ne na fliste heshtja...

Dhe s'di sa ndenjëm ashtu, me telefon në vesh, por di që s'mund t'i thosha të gjitha... As ti.

Sa shumë mbetën pa thënë!

Yjet na shkelnin syrin të habitur. Më pas, ikën një e nga të turpëruar. Gjersa dole ti, dielli im!

09.07.2015

LARG SA
NJË VËSHTRIM

Sa një vështrim ishim larg. Po, po sa një vështrim.

Nuk di, mbase ishim për rrugë, por as e kuptoja dot nëse lëviznin njerëzit dhe ishim ne qëndruar. Apo e kundërta ndodhte, ecnim ne dhe njerëzit ishin në trotuar. Ndjeja përshëndetje dhe sy që qeshnin hajdutshe...

Isha aty, aq afër sa kurrë ndonjëherë. Jo vetëm si distancë fizike, por edhe brenda vetes të ndjeja afër. Oh, sa afër!

Nuk e ndjeve? I fryva pak shallit në qafën tënde dhe iku. Nuk ishte era jo. Ahaha! Ishte hukama ime. Dhe jo për të hedhur shallin, po për të zbuluar qafën e bukur si mjellmë lozonjare krekosur plot sharm. Po buzët? Nuk t'i kuptoja dot buzët që diç pëshpërisnin, mbase një përçmim, një sharje të lehtë për erën që të zbuloi qafën... Edhe pak gjoksin që ulej e ngrihej nga frymëmarrja. Apo emocioni?

Më ndjeje? Duart më merrnin format e tua të rrumbullakosura dhe ashtu më vinte mirë t'i mbaja ngjyrat e dhuruara.

E pashë. Sytë shpesh humbnin rrugën... Duart të pamësuara me këtë gjendje. Emocion... Donin të

flisnin me lëvizje, me lëvizje që dikujt do t'i duke-
shin si shkaravina. Po unë e dija atë gjuhë, dija të
përktheja... Nëpër flokë m'i ndjeje gishtat dhe i
"shkundje" t'i prekje. Të mbaja në prehër dhe shi-
heshim pa folur. Pastaj me sy e frymë përcillje fjalë
me aromën e lëkurës që e çlironte...

Rregulloje baluket që më kishin zënë sytë.

- Ngjan më mirë pa to, pa fjalë...

- Pa jetë?

U ngrite me dorën zgjatur, si për të ledhatuar
mendimet e mia.

Hapat mbi kalldrëm nuk janë si hapat mbi as-
falt. Mbi kalldrëm vallëzojnë...

Ti fotografoje perëndimin e diellit apo diellin në
perëndim? Më vinte të qeshja me ato lojëra fjalësh.
Po sa mirë që fjalët nuk mbaronin!... Nëse mbaro-
nin, me çfarë do loznim?

Kur yjet nisën të mbërrijnë mbi ne dhe me ka-
rrocat e arta të zinin vendet e tyre, ndjeva të erre-
sha e nisa të bëhem djall. Nxitova të hyj në kaso-
llen time e të mbyllem me trembëdhjetë dryna. Të
trembëdhjetë çelësat i kishe ti. Qeshje e m'i tregoje.

Kalove aty, para se të ikje larg e në duar mbaje
një tufë. T'u përgjërova të ma dhuroje mua.

Qeshje e qeshje! U afrove dhe ma zgjate.

Ah, ishin gjemba!

M'u thellë në shpirt më shpuan.

Nuk fjeta atë natë....

04.07.2015

ËNDËRR NË PYLLIN E KUJTIMEVE

Po fundja, pse duhet patjetër ta di si u ndodha në atë stol? Vetëm se shihja si rrezet e diellit përplaseshin e priteshin në aq shumë plane drurëve të atij pylli aq të bukur, që herë më dukeshin si libra të palexuar, herë si fletore kujtimesh?

Vura buzën në gaz dhe kujtova se vonë-vonë, ndoshta para njëzetë vitesh mora vesh se paska edhe arkitektë pyjesh.

E di, e di, po të ishe aty do vrenjteshe me këtë: "vonë-vonë, ndoshta para njëzetë vitesh". Do vrenjteshe e habitur, me një qortim që di ta vizatosh aq bukur në fytyrë. Mbase edhe do ta merrje për ngacmim, se demek unë po të tregoja moshën. Jo, jo nuk po ta them për tjetër gjë, veçse të më besosh që jeta duhet parë si një e tërë përvojash, mësimesh e pësimesh. Do rënë në ujdi me të, para se të mbledhësh plaçkat e të nisesh për udhë në atë... tjetrën. Edhe për fjalën e fundit do vrenjteshe ti, se s'të pëlqen të besosh që njëra ditë do jetë edhe e fundit? Po unë guxoj. Dhe bëj mirë që guxoj. Bëj mirë, se të paktën diku duhet të jetë guximtar njeriu. Dhe kur s'ke me kë të "përleshesh", i vërsulesh vetes. Dhe kur zë luftën me veten, ndalon sherrin për një çast, mendohesh ç'po bën dhe kupton që ka trokitur ajo, e bardha, e rrudhura, kockëdala, fisnikja gjer në dhimbje, e mërzitshmja. Pleqëria!

Tani mjaft, do t'i lë shakatë, se ende nuk ndihem plak. Ti e di e do të të tregoj. Dëgjomë...

Si somnambul mbërrita tek ai stol dhe meditoja. M'u kujtua dhe bekova në çast pyllin me emër që e kishte projektuar e ndërtuar ai inxhinieri flokëbardhë që erdhi dikur e na foli në shkollë. Pyll i mbjellë me "kombinimin e bredhit dhe mështeknës së bardhë, sepse pranohen dhe i japin vlerë njëra-tjetrës", kishte thënë ai.

Këtë e quajtëm pylli i kujtimeve. Fotot që ke aq qejf, këtu mund t'i shkrepësh pa merak. Nuk ka nevojë për ngjyra, sepse edhe kujtimet janë bardhë e zi, janë mrekullisht të bukura. Më erdhe pranë si mjegull, dëgjoja gurgullimat e qeshjeve të tua dhe kërkoja me sy materjen që më ngrinte peshë në emocione. Nuk e gjeja.

- Ku je? Nga erdhe? Si erdhe?

- Ja, këtu! Erdha nga kujtimet. Zbrita rrezeve të thyera nëpër pemë. Andej nga më thirre ti...

- Ç'e ke atë, çadër, shkop? Për çfarë të duhet? Po ajo torbë lecke varur mbi sup mbyllur si çantat e ushtarëve në luftë ç'është?

Përsëri gurgullimë qeshjesh nga ato që vetëm ti mund t'i kesh.

- Ky është shkopi im magjik. Me këtë largoj ëndërrat e këqia dhe afroj të bukurat. Ja...

Më preke mua, por magjinë e more ti. Nga mjegull, u bëre e tejdukshme. Qeshje me hutimin tim.

- Tani jam shpirt, mund të më ndjesh, të më du-ash, të më urresh...

- Po ti...

- Ja... - bëre prap një prekje tek unë dhe u kon-turove - Tani jam trup, jam materje. Tani mund të më prekësh. Mund të më puthësh, të më mbash në prehër. Të më shtrëngosh e përkëdhelësh...

Shfrytëzove hutimin tim dhe m'u ule në prehër, më hodhe krahët në qafë. Më shihje në sy. Kisha ngrirë nga habia, por nuk të lashë të prisje. Fundja çdo sekondë e ëmbël është fitore në jetë. I kërkoj-më aq shumë dhe kur vijnë s'dimë ç'të bëjmë me to.

Si, si? Ka qenë ëndërr? Po pastaj? A nuk zgjohet i lumturuar njeriu që ka parë një ëndërr të bukur?

Dhe pas çastesh marramendëse ule atë torbën prej lecke në prehër dhe po e hapje. Më shihje dhe më dukej se shpotisje kërshërinë time.

- Këtu. Ahaha! Këtu kam letrat e tua, ato që nuk m'i ke nisur, por që unë i kam marrë. Ja...

Dhe bashkuam duart brenda në torbën e leckës kush e kush t'i nxirte më parë. Dhe qeshnim e nxi-tonim drejt marrëzive. Pastaj u ngritëm e shëtitëm.

- E di? Kur vdiq inxhinieri i pylli, e varrosën këtu. E kishte kërkuar vetë. "Aty më varrosni, o i duhem pyllit, o s'duhem kund tjetër", kishte thënë.

- Vërtet? Ai stoli m'u duk aq i ftohtë... - aludoja djallëzisht.

- Mos na i kujto ditët që presim të vijnë. - qeshje duke më ngacmuar mua.

Ndjeva të ishe bërë aq guximtare. Ahahaha...
Po këmbët e mpira... As ëndërr, as zhgjëndër.
- Unë duhet të iki tani...
- Ku?
- Andej nga erdha.
- Po kujtimet? Kaq, për kaq pak u mundove?
- Kujtimet? Ende nuk kemi nevojë për to. Ja ku jemi! Me kalimin e kohës, ato bien si lëkurë të thara. Po plakja është larg, besomë.

Dëgjoja zërin tënd dhe mendoja se vërtet kishe të drejtë. U mbështeta në një mështeknë të bardhë, ti në një bredh e rrinim kundruall. Shiheshim në sy e zgjasnim duart të ndiheshim te njëri-tjetri.

Duart e tua të buta...
- Bëjmë një selfie?*

T'u afrova dhe të shtrëngova fort në gjoks. Me dorën tjetër...

Po ja ku të kisha! Përqafuar e puthur marrëzisht nisëm të bëhemi mjegull e të tretemi në përjetësi.

Pylli mbeti aty ku mbase do kthehemi kur të mos jemi më e do lexojmë letrat e që nuk dërguam dot...

27.06.2015

---

* *autofotografim*

IKJA LARG

Dy fjalë si ruzuj të bukur u shkëputën nga buzët e tua e më dhanë jetë. I prita me pëllëmbët e mia. Morën formë, u zmadhuan. Pastaj prita edhe dy rruzuj të lëngshëm. Të ngrohtë sa s'bëhet m'u dukën. Edhe ata morën formën e pëllëmbëve, thua se do lexonin fatin aty.

Ti kapa duart dhe prita të ngrije kokën. Pëllëmbët nisën të flasin, loznin dhe rrëshqisnin si për t'u çmallur me njëra - tjetrën.

Sa trishtim! Ankthi i dimërzonte, i bënte si shkarpa gishtërinjtë e bardhë. E vërtetë qenka, thonë se ikjet janë të trishtueshme. Dhe ti po ikje. Eh, sa larg po ikje! E mban mend? Që të mos dhimbte, të thashë duke qeshur si më digjte përbrenda malli që ende s'kishte marrë udhë.

- Si do rroj pa ty?

Më premtove se kur të mos isha më, do më dërgoje një tufë lule të freskëta. Ehu, aq larg sa do jesh ti, lulet nuk vijnë më të freskëta. Po ç'rëndësi ka...

Sa larg po ikje, sa larg...

Për një çast të pata zili. Po shkoje aty ku dashuria nuk kuptohej pa duele. Po shkoje aty ku nëpër ëndërra kishe parë stepa pa fund, ku rendnin trena njëzetë katër orë pa pushim. Aty ku dimensionet janë të tjera, të heshtura, plot zhurma që askush s'di nga vijnë. Aty ku kryqet kanë mbirë si tulipanë nga lotët e zinj derdhur për dashuritë e humbura.

- Mbase vërtet nuk më bie të vij më...

- ...

- Po mbase vjen ti...

- ...

Dimrin do ta kesh të ashpër, vetëm me dy ngjyra. Je mësuar të shohësh ashtu ti? Krahë shpendësh shtegtarë që do të të kujtojnë vendlindjen, do të të kujtojnë që më ke lënë vetëm këtu. Krahë të bardhë si dëbora nëpër kodrina që do ngjyrohen ngadalë. Dhe ti përsëri do kesh ç'të kujtosh, do kesh mall. Blerimi sërish do të kujtojë se atje larg unë mbase nuk do jem më.

Për kujtimet bën një varrezë e shko çdo të diel pas meshës, ço një tufë lule. Ëndërrat që sheh netëve të ftohta vari në kryq që të thahen nga lotët...

Kryq i zi mbi dëborën e bardhë, gjurmë lejlekësh mbi folezën e mbushur me pupla, bërë gati të çelin ëndërrat e stinës që vjen. Në hyrje të folezës pak gjak, shenjë e jetës dhe lidhjes prej nga vjen. Po ç'duhet më shumë për të kuptuar jetën?

Ah, sa larg po ikje! S'dija nëse do kishe akoma kohë të ktheheshe. Qoftë edhe një ditë të vetme, sa për të thënë: "kemi qenë njëherë...".

Po unë... Unë do të të pres!

Gjer atëherë dhe kjo letër le të rrijë me të tjerat...

24.06.2014

STACIONI

Nuk ka shumë që s'të shkruaj, por gjithësesi kur të shkruaj sikur çmallem me ty. Dhe më vjen të qesh, se shpesh letrat që thua se nuk të kanë ardhur, më ngjajnë si rrëfime për një kohë të shkuar, të largët. Më duket se përjetimi më jep jetë.

E kujtoj shpesh. Ishim ulur fare rastësisht në një stacion treni. Unë kërkoja vend te stolat që rrinë kurriz më kurriz. Pashë një vend bosh dhe një pjesëz të supit tënd të brishtë, flokët e derdhur gjer te "pjesa ime", domethë në aty ku do ulesha unë.

Ishte diçka pas mesdite dhe në stinën që ishim pritej të binte shpejt muzgu i kaltër. Diku lart, në kolonat e platesë së stacionit, ndriçonte tek-tuk ndonjë llampë e zbehtë.

Erdhëm me trena të ndryshëm, s'di me ç'tren do shkoje ti e me ç'tren unë. Seç kishte një dëshirë të pajustifikueshme që më mbante në ankth: të ishim të dy në një tren.

U ula pra, pas teje. E ndjeve lëvizjen time dhe mblodhe flokët. M'u bë të të thosha:

"- Jo, jo! Lëri, nuk më pengojnë. Jam gati të rri në këmbë, vetëm ti mos lëviz".

Por nuk e di, intuita më bëri të besoj se edhe ti instiktivisht vure buzën në gaz. Njerëzit lëviznin, merrnin udhën për ku qenë nisur me trenat e tyre.

Ne kishim mbetur aty. Vetëm...

Diçka thashë me zë.

Po... diçka the edhe ti.

Qesha pak me vete dhe vazhdova të thosha gjithë ç'mendoja. Flisje dhe ti. Më dukej se të thënat ishin pasthënie të njëra - tjetrës.

Nuk shiheshim në fytyrë, por më dukej se të njihja prej kohësh dhe shpesh bëja krahasimet me gjithë ç'kisha njohur. Ti flisje, por unë lexoja. Lexoja shumë më tepër se ç'më thoshe ti. Brenga të pafundme. Aq sa nisa të ndihem brenda tyre, gati t'i pjesëtoja me dy e të mbaja në sup pjesën time, sado e rëndë të ishte. Vetëm ti të ndiheshe më lehtë.

Po unë vallë? Nga më vinin gjithë ato fjalë, ku i gjeja ato metafora e krahasime? Flisja për vete, për botën, i krahasoja me ty dhe të thosha:

- Ti ngjan shumë me botën, me stinën, me motin. Gjithçka ndryshon e brenda këtij ndryshimi është vetë e bukura, e veçanta.

Shihje me mosbesim poshtë, në çimenton e prishur të stacionit, e përhumbur, po kokën nuk e ktheje.

Unë qeshja butë e mirësisht akoma...

Flisnim e tregonim... M'u duk sikur rrefeheshim në atë dhomën e fshehtë duke menduar se një forcë e mbinatyrshme po na dëgjonte, po na besonte, po na falte e do nisnim gjithçka nga fillimi.

Dhe vërtet sikur ndiheshim mirë duke u rrëfyer ashtu kurriz më kurriz, pa u parë në sy.

- Unë duhet të iki… - pëshpërita.

- Pse? Tren nuk ka akoma.

- Më duhet të iki. Ti nuk e kupton dot pse-në tani për tani.

- Atëherë… do iki dhe unë. Nuk rri dot vetëm.

- Po ti pse? Ti nuk je vetëm… Fundja, nuk po rri-je këtu për mua, apo jo?

Dhe u ngritëm e lëvizëm ende pa e parë njëri - tjetrin.

Në fakt unë duhet të ikja. Nuk e dija ku, por duhej ikur. Ndihesha i lodhur, por këtë nuk mund të ta thosha. Nuk duhej.

Ja ku po ta them, për ikjen time ti ishe shkaku, por jo fajtorja.

Po ndjeja të të doja…

Si? Si mund të duhen njerëzit pa u parë?

Po, po! Sepse vetëm nëse ke një shpirt të bukur, flet bukur. Bukuri e shpirtit zbukuron qenien tërë-sisht. Edhe trupin, bile edhe…

E ç'duhej më shumë?

Që nga ajo mbrëmje, dita ime nis kur t'i më thua "mirëmëngjes" dhe mbaron kur ti më thua "natën e mirë". Pjesa tjetër thuajse nuk vlen, është gjumë nga ai që K'hajami* i thotë vdekje, është kohë e humbur.

* *poet, astronom, matematikan pers. (1048 -1123)*

Eh... E di, mbase përsëri nuk vjen letra, por le të bashkohet me të tjerat. S'besoj të jetë as e para, as e fundit që s'vjen. Punë e madhe!...

Mua më gjen përsëri aty në stacion, duke pritur trenin ku më duhet të hipi pa të parë fytyrën, por duke të ndjerë zërin.

Zërin që më zgjon nga letargjia e stisur...

22.06.2014

E MBAN MEND

Në fundjavën që përkoi me fundmuajin dhe fundstinën uruam njëri - tjetrin me një shampanjë.

- Gëzuar stinën e re, e vjetra nuk është më! Fundjavë të bukur! Muaj të mrekullueshëm! Ç'do gjë nistë nga e para me një fillim të ndritur!

Pastaj, ashtu ulur pranë e pranë dëgjonim "fatin" në televizor. Si të gjitha spikeret që japin parashikimin e motit në çdo stacion televiziv edhe ajo më e bukura doli dhe fliste. Ti shihje herë mua, herë atë. M'u ngrite nga prehëri, pe që nuk reagova dhe u ndjeve xheloze. Vure re buzëqeshjen time dhe dole para ekranit të më tërhiqje vëmëndjen.

- Eeej...

Të kapa nga duart dhe të tërhoqa nga vetja.

- Shtshtsht... Dëgjoje, dëgjoje çfarë thotë...

- Ç'më duhet ajo? Ty të pëlqen?

Prisje përgjigje në ankth.

- Jooo, zemër, po dëgjoje, dëgjoje! Sikur jep horoskopin e motit.

Më pe e trembur për gjithë ç'thosha, po pastaj u ktheve nga spikerja dhe dëgjove me vëmendje. Buzëqeshja tek të shihja fytyrën që ndryshonte sipas asaj që thoshte spikerja.

"- Në shtatë ditët që vijnë do të keni mot me...".

U ktheve nga unë e habitur.

- Me kë e ka kjo? Do keni... Sikur flet për ne.

"- Në muajin e ardhshëm moti do të jetë...".

Prap u ktheve nga unë, më pe më një lloj habie dhe inati, thua se po flisja vetë.

- Kanë filluar të japin edhe parashikimin e muajit tani? Uau!...

Sërish qesha dhe të çukita një puthje të të qetësoja shpirtin. Po si për të shtuar inatin tënd, spikerja vazhdoi:

"- Stina e ardhshme parashikohet me mot të paqëndrueshëm. Për gjithë të lindurit në këtë stinë, moti do të jetë...".

U ngrite dhe...

- Pse e mbylle? - buzëqesha e të mora përsëri në prehër.

- Nuk e di pse pata frikë... M'u duk sikur do vazhdonte të thoshte "në 100 ditët e tjera...". Pastaj përsëri "në vitet në vazhdim". Dhe gjithë horoskopin e motit të ngjashëm me fatin që më pret mua...

- Po, edhe? Ç'të keqe ka?

- Ka! - m'u përgjigje vendosmërisht - Sepse nuk dua ta di të ardhmen kaq larg. Sigurisht do ketë ditë me diell, do ketë kohë me shi, po edhe shiu ka bukurinë e vet. Edhe shtrëngata, vetëtima e bubullima që më trembin shumë. E pse duhet t'i di që tani? Tani më duhet të qetësoj shpirtin këtu në gjoksin tënd, me këtë gotë shampanjë... Gëzuar!

Kanë kaluar kaq ditë, kaq javë, kaq muaj e stinë...

Të bukura i paç edhe ato që vijnë!

fundshkurt, 2015

LETËR

Marr të shkruaj sonte me pak humor që duket në një buzëqeshje qesënditëse, me sy që gjithsesi më ndrijnë nga dashuria.

- Unë vdes për ty! - më the e lumtur.

Heshta. Të doja dhe të dua njësoj me aq sa di, me aq sa mundem e sa ndjej. Ti ndalove, më tërhoqe nga krahu, si për të më përmendur dhe përsërite:

- Unë vdes për ty!

Vura buzën në gaz. E kuptova, doje një përgjigje që do të të pëlqente. Me sytë që më ndritën djallëzisht, ngrita supet dhe si i zënë në faj të thashë lehtë fare, aq lehtë sa mbase s'duhet të më dëgjoje:

- Po mirë...

Më dëgjove. Heshte. Nisi një shtrëngatë e vrapuam nën strehë. Shiu ia behu në çast, po edhe u ftoh. Ti gjithsesi nuk u struke tek unë, as nga të ftohtët, as nga shiu. Edhe krahun ma lëshove.

- Domethënë, do më lësh?

- Unë? Pse?

- Do më lësh të vdes?

Sikur isha përmendur nga këto pyetje dhe u përqendrova të përgjigjem.

- Jooo, unë prandaj jam këtu me ty.

E ndjeva që qeshe e lumturuar nëpër muzg. Të putha lehtë dhe të pëshpërita në vesh:

- Unë do bëj atë që do ti. Nëse do që të...

- I poshtër! - më shtyve nga batuta ime.

Të mora në gjoks. Ishe trishtuar vërtet. Qesha pak me atë lloj trishtimi, si për të thënë që vdekja nuk ka vend mes nesh. Por trishtimi yt ishte nga ata të fundit që i thonë lamtumirë fëmijërisë.

Pastaj shpërtheu një shtrëngatë tjetër.

- Ti nuk më ke thënë "të dua" dhe unë rri me ty!

Po ta them sonte, në dashuri fjalët janë të tepërta. Sepse fjalët nuk kapen, nuk preken, nuk shihen. Fjalët janë shoqet e erës. Janë konvencione të sajuara për të paaftët që nuk dinë të dashurojnë. Ata po, ata mund të flasin. Kurse ne fjalët i kemi për gjëra të tjera. Ja, po të them edhe një gjë, se sot nuk është as e enjte, as e premte, as e shtunë. Se sot nuk është as mars, as maj, as vjeshtë e artë, as 14 shkurt që të thur lavde e vargje dashurie. Po unë të dua njësoj, si gjithnjë. Njësoj. Shumë! Edhe kjo nuk të pëlqen?

Qesh me vete se nuk të kam këtu të të pyes:

"- Për çfarë mund të grindemi sonte?".

E di që do vrenjtesh, do më thuash:

"- Pse të pëlqen të më mërzisësh?".

Ja ku të them! Nëse gjer sot të thosha se nuk i kupton të gjitha, më duhet ta korrigjoj, të them se nuk kupton asgjë.

Po ç'rëndësi ka!

Unë prapë të dua kështu si je!

18.02.2015

PRAG
SHËN VALENTINI

Kam nxjerrë letrën e kujtimeve që mora me vete dhe po e lexoj.

"Sot është 13 shkurt. Nesër do nisem për luftë. Por nuk mund të iki pa ty, pa marrë bekimin tënd. Më ke premtuar, do vish nën qiparisët e manastirit. Aty do të dhuroj puthjen gjurmës së zemrës sime e do më japësh bekimin tënd për t'u kthyer shëndoshë.

Aty do të të pres, te muri. Dhe kur perëndimi i portokallinjtë të ndërrojë ngjyrë, kur qielli të marrë format e unazave ngjyrë jargavani, do vijë ai që na ka premtuar bekimin e tij. Do vijë me dritë. Thonë se ndriçon natën. Sot do ta shohim të vërtetën.

Ki besim tek unë dhe tek ai.

Të të them diçka? Ai ka guximin e sakrifikimit, ai e di që i përket qiellit që ne do presim të ndërrojë ngjyrë e të përskuqë agimin. Pastaj do jemi një ditë më pas, sepse yjet do jenë dëshmitarët e natës që po vjen. Çelja e ditës na përket ne, se nesër, ah, nesër është dita e fundit!

Ai nesër do shenjtërohet. Dua të buzëqeshësh. Ki besim, gjithçka do shkojë mirë! Sepse... Sepse çdo gjë është në duar të sigurta, edhe zemrat tona...

Dhe thonë që çdo gjë është në dorë të zotit, e ka marrë ai përsipër. Ne të thjeshtët do rrojmë të lumtur dhe nesër do jetë dita e tij përgjithmonë. Por s'ka gjë, ti mos u mërzit. Mjafton të jemi ne".

Lexoj dhe përlotem. E di që më pret, e di që me siguri do vij. Po edhe në mos ardhsha, këtë letër do ta gjesh në rrobat e mia. Dërgoi te rrobat e tij dhe le të jem shërbysi i shenjtit tonë.

Kam një parandjenjë të fortë se as ne nuk do vdesim...

13 shkurt, 2015

DO JESH MËRZITUR

E di që ke ca ditë e mërzitur.

Po, po! E di edhe pse...

Me siguri psherëtin pse nuk gjen gjë në kutinë e postës, në e-mail apo se pse nuk të cicërin telefoni.

E ndjej trishtimin tënd mijëra kilometra larg. Në fakt, rrugës që bën, ai e humb lagështinë e lotëve dhe tek unë mbërrin puthje malli. E ti do thoshe përsëri:

"- Pse më ndalon të mërzitem me ty?".

Nuk është kështu si thua. Unë e ndjej... Të njoh, ndaj edhe të dua kaq shumë.

"- Po ti çfarë ke? Për çfarë të ka mbetur hatri? Nuk di ç'duhet bërë të të rigjej, por duhet. Nuk mund të rri kështu, pa ty pranë".

"- Nuk kam asgjë, vërtet asgjë. Por misioni im mbaroi. Ti u ngrite në këmbë, tani ecën vetë. Mundesh. Mbase edhe nuk ke më nevojë për mua. More e dhurove aq buzëqeshje, përgëzime, aq lule sa duhej, aq sa mes asaj morie buqetash, shumë nga adhuruesit nisën të të humbasin nga sytë. Uronin, përgëzonin, qeshnin, të preknin duart për të besuar se ishe ti, e rikthyera mes tyre".

Heshtje...

"- Edhe? Kush ta ngarkoi ty këtë mision?".

"- Askush, e ndjeja se duhej bërë. Bëra gabim?".

"- Jo. Nuk e thashë këtë. Faleminderit! Kisha nevojë për fjalët e tua. Të tjerët kanë vendin e tyre, ti ke tëndin. Po tani që më mungojnë ato fjalë... Nuk e di, kam nevojë për to, kam frikë se...".

Por duhet të lëmë ca gjëra t'i themi në sy. Ti e di që unë të flas në heshtje. Të ndjej pranë edhe kur s'të kam. Ta kam treguar si e kam ndjerë fillimisht?

Kisha guxuar të lexoja "Lulet e mollës" së Gollsworthit që kur po përcillja fëmijërinë. Dilja në kopështin e errët ku kishte vetëm hënë dhe flisja me ty që atëherë, që atëherë kur ende nuk kishe trokitur në derën time. As e dija ku ishe, por ta ndjeja ekzistencën tek unë.

Shumë kohë më pas, kur të ndesha kisha kuptuar që ishe ti. Gjeja tek ty gjithë çkisha kërkuar. Më dukeshe ëndërr dhe nuk guxoja të zgjohesha. Ndruhesha të të flisja. Kur të kisha pranë, nuk e besoja. Më dukeshe shumë e largët, shumë e ftohtë. Kur të kisha larg, të ndjeja pranë, të flisja, të qeshja, të prekja flokët, buzët, supet gjysmëlakuriq... Edhe ti fshiheshe. Nuk e di pse. Por kisha kaq frikë se të trembja dhe më ikje. Në frymëmarrje thithja nektar dhe mbyllesha në ëndërra. Sot e quajmë njëri - tjetrin pjesë të jetës. Po edhe kur ndodh të ndihemi larg, kërkojmë dhe mezi gjejmë rrugët për të qenë afër. Se mos vetëm ne!

E di çfarë? Nuk po e postoj këtë letër. Po e lë me të tjerat, në dosje. Mbase është më mirë të të lexoj ty më parë...

11.02.2015

TELEFONATË MËNGJESI

*U*ula të të shkruaj pas kaq kohësh. Më vjen të qesh me vete se e di që edhe këtë letër nuk do ta nis. Punë e madhe! Le të jetë aty në dosje me të tjerat. Do të t'i dhuroj njëherë e mirë kur të të takoj përsëri.

Në fakt, unë të takoj çdo ditë, gjersa eci rrugëve të qytetit dhe vazhdoj flas me ty. Në çdo semafor ku pres të ndizet jeshilja, jam me ty, të pëshpëris dhe kthej kokën të tërheq të ecim bashkë.

Ta dish pse u ula sot të të shkruaj...

Po ja, pranvera duket se po vjen. Pak si me ndrojtje, ngadalë - ngadalë, por dita është zgjatur dhe mbrëmja merr ngjyrë jargavani. Po, po jarga-vani. Si xhupi që kishe veshur mbrëmjen që ishim bashkë. Ose... Mbase u ndodha në një korije me mimoza dhe verdhësia më kujtoi flokët e tu e më nxiti të të shkruaj.

Atë mbrëmje qeshje dhe më përqafoje pa fund. Shiheshim në sy dhe putheshim...

Kjo më bëri të të shkruaj. E di, e di! Do më thuash: "sa nostalgjik je". Do rrudhësh buzët e do kthesh kokën të shohësh reagimin tim. Sepse kësh-tu ka ndodhur. Po ti e di, unë nuk mërzitem. Fundja ky jam. Ma merr mendja që ti kështu më do. Ndryshe përse do rrije me mua?

Eh, ajo telefonatë mëngjesi!...

Rrija të dëgjoja. Heshtja që të mbaroje ti. E di? Krihesha në pasqyrë, mbaja telefonin me shpatull dhe shihja fytyrën si reagonte nga fjalët. Qeshja, vrenjtesha, përsëri qeshja e përsëri vrenjtesha. Një "uffff" pakënaqësie për gjithë ç'më thoshe nga ca mosmarrëveshje pa rëndësi.

Pastaj një ngritje e habitur vetullash. Ok, ok... Stop!

Ora po kalon, duhet të flas dhe unë. Ti kujton se nëse nuk do flisja, do ndiheshe më mirë? Se gjithë ç'qe grumbulluar natën do të të çlironte tek m'i thoshe? Jo! Sigurisht që jo! Në fund të fundit ti doje të dije nëse i kishe kuptuar drejt gjithë reagimet e mia apo kishe mllef të krijuar vetiu me të drejtë?

Aq më mbetën në dispozicion, shtatë minuta, dy të fundit për të dhënë mesazhe paqeje, dashurie, të dërgoja përqafime e puthje.

E ja ku po ta them në këta pesë që mbetën! Për hir të së vërtetës gjithë ditën e ripërtypa bisedën. Dhe kjo ishte e sotmja ime, të flisja, të zihesha me ty, të të sqaroja, me "uf e me puf"...

Pastaj qeshja me vete. Dëgjo, dëgjo e mira ime! Ti ma ke parë trupin në transparencë të rrobave. Të është dukur i mpakët, i verdhë, i zbehtë? Sigurisht që jo! E pra, si mund të jem aq delikat sa të kesh merak nga një kollë, nga një teshtimë apo dhimbje muskuli? Jo, sigurisht që jo! Po unë dua prekjen tënde të shërohem. Dua ata gishtat e butë e të ëmbël në lëkurën e ashpër e të regjur si e ndenjur në ujra të kripura muaj të tërë. Dua buzët e tua të zbusin të miat plasur nga era e dimrit që po shkon...

Ah! Edhe këtu të gënjeva... Janë plasur nga malli për ty. Edhe frymën tek thua fjalë të ëmbla ta dua në gjoks, të më shërojë si polen ato dhimbjet që të thashë. I di ti, i di...

Por s'dije si ta justifikoje telefonatën, ndaj i sajove këto grindje. Me të qeshur të premtova se do ndryshoj vetëm për ty. Sigurisht aty për aty t'u duk bukur. Po kur të thashë se pastaj s'do jem unë, u stepe dhe t'u shëmtova.

Unë e di pse ndodh. Sepse ke një ëndërr dhe më do aty gjithmonë.

Po ti, e di ç'je për mua? Je ajo lulja që kam takuar dhe shoh ç'je, jo ç'dua unë të jesh. Me fjalë të tjera, të kam pranuar dhe të pranoj siç je. Dhe mos ndrysho!

Sa dëshirë kam të të shikoj tek lexon këtë letër me duart që të dridhen pas entuziazmit të puthjeve! Por një ditë do të takoj përsëri. E ndiej që është e afërt...

Atëherë do ta flak këtë letër, se do të t'i them gjërat në sy...

29.01.2015

UDHËKRYQET

*T*a thashë dikur.

- Udhëkryqet janë si diej me shumë rreze që thyhen nëpër drurët e pyllit ndaj mëngjesi. Nëse jemi në qendër e marrim udhë të ndryshme, mundësia e takimit të mëpasshëm mbetet e vogël. Kushedi ku e kur! Nëse jemi jashtë tyre e shkojmë drejt qendrës, mundësia e takimit rritet.

Më pe çuditshëm. M'u desh të vazhdoja.

- E di çfarë janë meridianët dhe paralelet e globit?

Qesha tek pashë që pohove me kokë.

- Ja, aty ku priten ato, janë udhëkryqe! Duhet të marrësh një drejtim. Është domosdoshmëri. Por kur jemi në një rrugë ecim me shpejtësi të ndryshme, koha na ndryshon rrjedhën e ngjarjeve, kalojmë mes tyre e nuk shihemi edhe sikur të zgjedhim të njëjtën rrugë. Nuk ndihem mirë kur e mendoj këtë. Edhe për ëndërrat njësoj është! Vetëm se ëndërrat i kanë gjurmët të tejdukshme e nuk mund të shohësh sa rrugë kanë bërë, edhe nëse e kthen kokën pas. Nuk di sa kohë ndiqesh me të.

Ëndërra në udhëkryq...

Më vjen të qesh mes bardhësisë së tyre. Vetëm se nuk duhet bërë zhurmë, ato janë të brishta, tremben shpejt, vriten për hiçgjë e nuk arrijnë as gjer në udhëkryq.

Humb ëndrra, humb shpresa e vdes një pjesë e jetës. Por shyqyr zotit që ka ringjallje, për të vazhduar udhën e për të dalë në të tjerë udhëkryqe me ëndërra të reja e shpresa të ndritshme.

Të kisha premtuar se do ndërtoja një qytet të bukur për ty. E ndërtova... Një koshere plot ëmbëlsi, pa udhëkryqe. Vetëm për ty dhe për mua.

- Po ëndërrat, ëndërrat ku janë?

- Aty brenda... - thashë e të përqafova fort sa të mora frymën.

- Qytetet kanë edhe udhëkryqe. - the duke vënë buzën në gaz djallëzisht.

- Vetëm unë e ti, pa semaforë! - mërmërita.

Por ndjeva që nga xhelozia më dhembi liria jote, ajo prangë e mjaltë që të vel gjer në palcë.

Po xhelozia jote? Nuk marr përsipër të të tregoj çfarë ndjeje ti. Por gjithsesi, qytetin e kishim të mjaltë.

Vjen një çast që duhet të zgjedhim udhët. Larg, o zot të jesh në pol, ku bashkohen meridianët e të merren mentë nga ç'duhet të zgjedhësh. Gjithsesi më duhej të ngulmoja.

- Zgjidh, të lutem, dil nga udhëkryqet me semafor jeshil dhe merr rrugën tënde.

Por e dija që nuk ishte aq e lehtë. Brenda nesh kishte shije të pashpjegueshme edhe për vetë ne, le pastaj për një të huaj...

MESAZH

- për të provuar vërtetësinë
e asaj që po ndodhte mes nesh -

"- *M*jafton me kaq, nuk mundem më! - tha ajo me sytë e njomur.

Ai e pa mendueshëm për të zbuluar të vërtetat e atyre që qenë thënë. Uli kokën si të reflektonte për çfarë kishte ndodhur gjatë gjithë asaj kohe.

- Të iki tani? - sikur mori leje ajo.

Ishte në dilemë për përgjigjen që duhej të jepte.

- Po, po... Ik. Ç'kishim për të thënë i thamë...

- Domethënë...

- Domethënë unë do të të dua në heshtje, sipas mënyrës sime. Nëse nuk do të më lëndosh, ndihmomë ta harroj këtë stinë të ëmbël e të dhimbshme njëherësh. Sepse frymëmarrja jote më prek akoma në çdo milimetër lëkure dhe shkruan ditarin e ditëve që shkuan. Dashuria ime nuk është epsh, është drithërimë zemre që kompozon këngë...".

Ta kisha dërguar këtë mesazh, thua diku e kisha dëgjuar. Më vinte keq, por kisha mundur të ta dërgoja me një "send" të pasigurtë. Nuk ishe përgjigjur. Pra, gjithçka thuajse po ndodhte vërtet...

Çudi, udhëkryqet! Ata e kanë fajin, janë "puzzle" që me shumë prova edhe zgjidhen. Por koha...

Ah, koha ikën!

SHIJE E MBETUR
TEK UNË

Nisa të shkruaj, të të them se jam mirë. Mbase s'doje të më shkëpusje nga mjekimi e të më pyesje si jam. Po ja, nuk ndenja dot pa të shkruar duke uruar që edhe ti të jesh më mirë. Sepse në një farë mënyre pyetja "pse grinden njerëzit e dashuruar?", na kishte sëmurur të dy. Pastaj ishim parë në sy si për t'i thënë njëri-tjetrit: "sa naivë bëhemi!". Nuk u shpjeguam, u ndamë edhe pa përqafimin e zakonshëm që mezi e prisnim.

Eca rrugës me shpresën se do dëgjoja të më thërrisje, por nuk ndodhi dhe kjo më bëri të ndez edhe nja dy cigare njëra pas tjetrës, se ecja ngadalë në justifikimin e një pritjeje që nuk solli gjë.

Se mos është hera e parë! As e fundit... Shpesh secili nga ne gjen një pretekst për t'u grindur.

- Ti nuk më kupton! Akoma nuk më ke njohur? Akoma kështu?

Ti e di, për të njohur dikë nuk mjafton një jetë, jo më gjysma e mbetur. Unë mendoj se duhet ta pranojmë njëri-tjetrin siç jemi, jo siç e kërkon egoja që ka lindur bashkë me njeriun. Dhe pastaj bëhemi kaq të paturp, sa ankohemi për vetminë që i bën të katër stinët të bardha, akull.

Nejse, nejse!... Më vjen mirë që kërkojmë ende

nga njëri-tjetri të marrim atë që nuk kemi. Ti e di, shpesh unë rroj me të shkuarën. E di pse? Nuk e di si do jetë e ardhmja dhe nëse të ardhmen e quaj "ëndërr", nuk dua të rroj vetëm me ëndërra...

Të fola shumë atë natë pasi u ndamë. Shumë... Nuk di ku i gjeja gjithë ato fjalë që të thashë, ku! Mbetesha i habitur dhe më vinte kaq inat kur mendoja se përballë bëhem fare memece. Në gjithë atë bisedë, shumë fjali më mbeteshin përgjysmë, se gjysma tjetër është e pathëna jote.

Ma kishe thënë, po edhe unë e dija se stinët do ndërronin dhe për të prekur ty më duhej të kaloja shumë barriera. Por çdo stinë ka ngjyrën dhe shijen e vet, nuk duhet t'i ngatërrojmë përjetimet që na japin. Nxitova. Nxitova se nisi një shi i imët dhe më dukej se do më shpëlante çdo ndjesi, çdo shije mbetur nga çastet më parë. Nuk mund të rrija dot pa ty, nuk mundja.

Kujton kur të thosha: "shije, shija ime!...". Qeshje përkëdhelshëm dhe më mbështeteshe në sup.

Ndërsa atë mbrëmje më the:

- Po iki me gjithë shijet që...

E mendon vërtet? Shijet e tua kanë mbetur tek unë, janë pjesë imja tani. Janë fosilizuar shpirtit tim, nuk mund t'i marrësh më. Prandaj të them rroj me të shkuarën, por nuk mbetem peng i saj.

Jam peng i së ardhmes.

As ti mos rri peng i së shkuarës!

Shiko përpara dhe bëhu vetvetja!

18.12.2016

PAS ËNDËRRËS SË KEQE

U zgjova herët atë mëngjes dhe ashtu përgju-mur, me sy të fryrë pashë nën derë zarfin që shpesh e pres me padurim. Por kësaj radhe nuk e prisja. S'di pse. Mendova se ndoshta më bënin sytë. Postjeri nuk mund të punojë edhe natën.

Po së largu njoha shkrimin tënd dhe besova.

Nuk di si të të drejtohem sot... Shkaku që mora e po të shkruaj është pak i trishtë, por si gjithnjë kthehem ta ndaj me ty, sepse sa herë më ndodh gjë thërras emrin tënd.

U zgjova në një dhomë të akullt. Aq të akullt, sa nuk do ta besoje. Isha lakuriq. Në atë lakuriqësi u ndjeva keq, u ndjeva si të mos jem veshur më që nga ajo natë... Shihja veten në gjysmëerrësirë dhe nuk mund ta shquaja ku isha.

Së largu, në sfond dëgjohej "Sonata e hënës". Nuk se kuptoj shumë nga muzika, por as më ka shijuar aq sa thonë. Bethoveni m'u duk se më qesëndiste, m'u duk se ironizonte për një gjendje që ende se kishte kuptuar.

Bëra të mbulohesha me duar, të fshihja ato që ti m'i quan hire, por nuk mundesha. Këmbë e duar i kisha të mpira...

Edhe pse vetëm, në atë ftohtësi të tmerrshme, ndjeja turp dhe pamundësia të mbulohesha më hidhte hidhësi në shpirt dhe ruzuj të lëngshëm në sy. Trokitja e tyre lëshonte tinguj që më bënë të besoja se isha në një dyshek metalik.

Gjithçka më bënte të mendoja se isha në një dhomë morgu. Ngurtësuar gjithçka. Veç një fije drite më lëvizte nëpër gjithë kanalet e trurit, rrudhë më rrudhë, për të gjetur ç'po ndodhte.

Bëra të klith dhe s'di, s'di vërtet të them pse thirra emrin tënd.

Besomë, thirra emrin tënd!

Heshta dhe prita të vije, të vije vetëm ti që të kisha dhuruar gjithë çfarë doje, në këmbim të jetës që më jepje me çdo gjë që bëje për mua.

S'di pse ishe ndjerë i dëbuar dhe kishe ikur larg nga unë, me cigaren në buzë, pa kthyer as kokën. Gjer në fund të rrugicës të ndoqa me sy dhe më theri në shpirt që nuk u ktheve edhe një herë si gjithnjë të më përshëndesje.

Tani ndihesha e lidhur pa litarë në atë shtrat, por me një lloj magjie faji. Prisja të vije, të më puthje të bëhesha Borëbardhë e në zgjim të të hidhesha në qafë.

Po pse? Pse mërziten njerëzit kur duhen?

Ajo egoja për dashuri të pafundme që kërkojnë, ajo xhelozia për çdo gjë... Tani më kujtoheshin fjalët e tua.

"Më do të shëmtuar trup e shpirt që të mos më dojë njeri tjetër?".

Dhe ndjeva sa të drejtë kishe. Sepse as unë s'do doja të ndihesha ashtu. Kishe ardhur me një tufë gjethesh të verdha, të kuqe e lloj-lloj ngjyrash në duar...

"- Ç'i ke këto?". - u vrenjta duke pritur ç'do më sillje.

"- Mblodha... vjeshtën time e ta solla". - buzëqeshe si fëmijë naiv i vetkënaqur nga ajo që kishe bërë.

Unë ende nuk hyja dot në romancat e tua. Nuk doja serenata nën ballkon. Më dukeshin jashtë kohe. Po kur më mungonin... Ah, kur më mungonin, nuk jetoja dot pa to.

Dhe ndjeva se dera u hap më në fund, se hija jote më preku trupin për së largu. Erdhe dhe ndjeva të mbulohesha me petale të kuqe trëndafili...

Me ato duar më jepje format më të bukura. Më lakoje qafën, më rrumbullakosje gjoksin, m'i jepje trajtat më të çuditshme barkut, kofshëve, vitheve... Dhe ndjeja që gjaku shkrinte, dhe kthehesha në jetë, çmpihesha.

Ah, ti princi im! Me magjitë e tua po më bëje të ndjeja.

U zgjova vërtet dhe psherëtiva nga ajo shije e përçudur ëndërre.

Nën jastëk s'kishte asnjë mesazh nga ty. Nuk mund të ngrihesha pa "mirëmëngjesin" tënd, sepse nuk më fillon mbarë dita. Ndaj prita, prita shumë, gjer në mesditë, kur nuk mund të thuhej më

"mirëmëngjes", gjersa ndjeva të më mpiheshin për-
sëri gjymtyrët në mënyrë të pakuptueshme. Oh,
marrëzi!...

Do bie sërish në shtrat të pres mbrëmjen, të
shkrij nga "natën e mira" jote. Lus zotin të ketë mba-
ruar ajo cigare trishtimi dhe të vish të më zgjosh e
të më bësh të jetoj.

Kjo ishte letra jote.

Hapa perden dhe kuptova se isha zgjuar nga një
gjumë pasditeje. U vesha dhe u nisa të të zgjoja. E
kisha kokën të rëndë s'di pse, por besoja se rrugës
do mblidhja gjithë fuqitë të shkurtoja rrugën për
tek ty...

20.11.2016

NATËN E HËNËS SË MADHE

Sonte është hëna më e madhe e gjithë viteve, që kur kemi lindur edhe unë, edhe ti. Sot thuhen vetëm të vërteta. Ndaj nisa të rrefehem nuk e di se kujt, ty apo hënës. Qeshja me vete tek mendoja si duhej ta bëja rrëfimin, me gojë apo me shkrim. Për hir të së vërtetës të them se ecja dhe flisja me ty.

Por u ndjeva i përbuzur me veten, kur nisa të them të njëjtat gjëra që të them çdo ditë. Tani ose të thosha çdo ditë të vërteta, ose po gënjeja prapë.

Po ja... Dua të të them se më vjen kaq mirë kur kujdesesh për mua. Nuk ndjej bezdi kur më kujton të marr çadrën se jashtë ka nisur shi, kur më kujton të vishem mirë se është ftohur shumë moti, kur më thua...

Ti vërtet kujdesesh shumë për mua. Shpesh qesh e të kujtoj se nuk je mëma ime, je dashuria ime. Trishtohesh kaq shumë kur ndjen aromën e duhanit e thua me qortim: "përsëri ke tymosur?". Pastaj, kur sheh atë "ndjesën" time të heshtur më hedh krahët e më përqafon.

Ti e di, unë do tymos përsëri, do të kërkoj "ndjesë" përsëri dhe ti përsëri do trishtohesh e do më falësh. Nuk e di pse e bën këtë, s'ma thua kurrë...

"- Kaq kishe?".

Jo, jo! Sigurisht kam akoma. Se vazhdimisht thua

mos e tepro me alkoolin, s'të bën mirë. Ja, pimë nga një gotë verë sa të lagë ëndërrat e të të zgjojë së fjeturi. Unë përsëri pi më shumë nga çduhet e ti përsëri më sheh trishtueshëm, me një farë dyshimi të dhimbshëm pse ndodh kjo. Dhe përsëri më fal... S'di vërtet pse ndodh kështu.

Të kujtoj kur jam vetëm e mezi pres të takohemi. Po kur nis e numëroj zenkat... Më dalin shumë. Përsëri fal unë e përsëri fal ti. Të thashë që është rrëfim? Është hëna më e madhe e gjithë viteve qysh se kemi lindur ne. Duhet t'i dëgjoje të vërtetat.

Dua të them se ti luan me mua, e di. Luan atë lojën e bukur që ka lindur bashkë me botën, atë grindin e dashurisë ku "Eva dhe Adami" ndjekin njëri-tjetrin pa ditur "pse". Ti luan me mua duke u bërë xheloze, duke më bërë xheloz. E kthen shakanë në grindje dhe grindjen në shaka. Ka nisur të më pëlqejë kjo lojë, por s'di kur do më lodhë.

- Ndiqmë! - thua ti.

E unë të vij pas. Herë flet ti e para, herë unë e secili gëzon. Një pritje është edhe e bukur. Më pas vjen pyetja enigmë:

"- Mendon se më ke humbur?".

Gjithnjë matanë ka heshtje, s'ka siguri.

"- Nuk e di... Mos e dhëntë zoti!".

Sonte është nata me hënën më të madhe të gjithë viteve. Duhet të themi të vërtetën, të rrëfehemi... Po ti, ke gjë për të thënë? Nxito, sa kohë hëna s'ka filluar të hajë veten nga trishtimi! Nxito!...

16.11.2016

FRAGMENT 1

Sa herë të kam thënë, në një kafaz ndërtuar me kocka që në zanafillë, një grumbull muskujsh, herë gëzon e herë loton, por po u qetësua nuk ekziston më.

Se nuk duhet të ngremë kështjella rëre që treten e prishen që në mallin e parë!

Se nuk duhet t'i mungojmë kaq gjatë njëri - tjetrit!

Se ajo që na lidh nuk ka një përmasë, ka shumë!

Se stinët sido që të jenë, duhet t'i kalojmë bashkë!

Pastaj në të dalë të dimrit më dërgove telegrafisht:

- Ku më humbe?

Ajo lidhëza "më", bëri të ndihem yti...

U ndjeva mirë. U nisa për te ty!

FRAGMENT 2

Një degëz trëndafil të lashë te dorëza e derës. Nuk ia hoqa gjembat që të shpohesh pak në doçka e unë të të puth plagëzën e kuqe... I shpove gishtat e butë, por prap i gëzoheshe si fëmijë ardhjes sime. U ktheve e m'u hodhe në qafë. Çdo frymëmarrje më dukej fjalë, çdo fjalë këngë, çdo këngë më shtonte jetë... Mos fli, vetëm merr frymë!

Që të jem i lumtur...

MË FAL

I dashur!...

Po të drejtohem pas kaq kohësh me këtë fjalë. Ka ditë që rrugës ndesh me aromën e lëkurës tënde dhe ndjej mall.

Vuajta gjersa vendosa ta shkruaj këtë letër, por akoma s'kam vendosur nëse do ta dërgoj apo jo.

Olimpi më kishte zënë rrugën. Aty lart perënditë qeshnin, qanin, grindeshin...

E unë që s'dija ç'të bëja.

Më vjen keq, por duhet të ta them! Më humbën një nga një ato që më kishe dhuruar. Së pari letrat e tua, pastaj varësja e florinjtë. Ndjeva të kishin humbur fjalët, përkëdheljet, prekjet, ose siç e thua ti, transmetimi nëpërmjet lëkurës. U ndjeva vetëm. Bosh sa kurrë ndonjëherë. Më dukej vetja një tub me parete të hollë që uroja të çahej në çast.

Ti ke pëllëmbë te forta, të ashpra, por që zbuten aq shumë kur më prekin mua.

E kujton?

Më pëlqente të të thosha:

"- Akili im, që barbarinë dhe mizoritë e ditës ndaj armiqve, i kthen mbrëmjeve në dashuri për mua. Dhe më dukesh aq i butë, aq i ëmbël, sa të mos i besoj fare legjendat që tregohen për ty".

"- Kleopatra ime e bukur!". - ma ktheje, qeshje dhe më mbështesje kokën në sup.

Të pashë një ditë së largu. Ke mbetur me fytyrë të dielltë.

E ngrohtë ishte ajo mbrëmje dhe gjithë ç'ndjeje të bëhej djersë për aromën e së cilës më ka marrë malli e të shkruaj sot. Më joshte ajo aromë, më bënte të ndihesha femër plot dëshirë e forcë.

Ah, ato duar çamaroke që s'të rrinin rehat! Më miklonin më prekje dëshirash kudo. Më drithëronin çdo ind e qëlizë. Ndihesha e yjëzuar. Por kisha aq frikë sa ai ndriçim mund të plaste e të kthehej sërish në yjësi qielli.

Prandaj... Eh, prandaj doja të të shpërqendroja një çast duke të treguar.

- Shiko, shiko lart çfarë mrekullie!

Ti ngrite kokën dhe ndjeva të pezmatoheshe.

- Ah!... Ata nuk t'i sjell dot!.

E kujton?

Qesha plot zili ngacmimesh.

- I miri im, ti! Ato janë kërkesa mbretërish, po ti zgjidhi e bëmi fjalë siç di vetë. Të harroj dhimbjet e kohëve të shkuara. Atëherë do të dhuroj mrekullitë që kërkon. Kushte të bukura apo jo?

Sa herë psherëtimat i ktheje në poezi! Tani më dukej se poezitë i ktheje në psherëtima aq të bukura, sa ma bënin mishin kokër, miljona morrnica të ëmbla.

Ti di të zgjedhësh emra të bukur përkëdhelish.

Ashtu bëje atë natë. Më thërrisje në emër përkë-
dhelës qindra herë, pa pritur përgjigje dhe unë të
shikoja buzët si formonin emrat që më gjeje.

Pastaj, si fshehur, aty midis qafës dhe veshit më
thoshe gjëra që nuk arrija t'i kuptoja. Ndjeja rry-
mën e ajrit të vinte nga goja e ëmbël dhe dehesha.
Kisha një lloj ankthi, diçka që vetiu më bënte të
mbroja veten.

- Qetësohu, të lutem, qetësohu! - mërmërisja,
ndonëse nuk doja të mbaronin ato çaste.

- Ato fjalë thuaja detit, jo mua! - thoshe dhe së-
rish përqafoje pa fund kurmin tim që drithëronte
ndjenjash.

- Shiko veten! - the dhe të pashë ata dhëmbë të
bukur që ndriçonin në dritën e hënës - Po të bleron
trupi. Sa bukur dukesh!

Të ndrinin sytë, aq sa kishe frikë se nata do mba-
ronte shpejt e bashkë me të edhe ata çaste të paha-
rruar. Të vija dy duart në faqe, hapja pëllëmbët e
të mbuloja fytyrën. Kurse duart e tua më lëmonin
flokët, ballin, faqet. Vidheshin qafës e gjoksit si për
të përfituar hajdutshe nga heshtja ime. Sa e bukur
më dukej gjithçka! Më vinte mirë të më vidhje të
tërën...

I kujtoj shpesh çastet e bukura me ty dhe kup-
toj se nuk kam ditur të bëj dashuri gjer para se të
të njihja. Në atë moment u ndjeva e vetëfyer dhe
shkaku ishe ti.

Vura në çast krenarinë time përballë tëndes.

Por sot e quaj një lojë të keqe, të paktën me ty, për aq kohë sa ishim bashkë. Dhe u ktheva tek epoka e akullt e vetmisë.

Dimër. Po, po! Dimër...

Tani mbrëmjeve ndez një qiri pranë asaj lules që më ke dhuruar ti dhe i lutem zotit të të kthejë tek unë. Kam besim.

Gjithësesi, të them "më fal"!

Eja sërish!

01.08.2016

NUK ZGJOHESHIM
DOT MË

Ajo prej së cilës kishim pasur frikë, ndodhi.

Fjalët mbaruan dhe s'kishim çfarë të thoshim më. Heshtja rënë si mjegull rrinte mbi ne. Kishte vënë një dorë mbi gojën tënde, një dorë mbi timen. Na shihte herë njërin, herë tjetrin dhe qeshte me ironi si të thoshte:

"- Ju kisha thënë?".

Dhe kthehej në një ajër mbytës, herë të ftohtë që të çonte në ethe dimri, herë të nxehtë në ethe vere. Në të dy rastet, me dridhje.

Kokëulur bëmë një gëlltitje, si për të kaluar në trup diçka të hidhur që nuk duhej nxjerrë nga goja. Por fundjafundit m'u kujtua diçka që e kishe thënë ti:

"- ...Asnjë zog nuk ikën nga foleja, sa kohë është mirë aty".

E dije çfarë do ndodhte apo kishe parë filxhan te ndonjë fallxhore? Tani, teksa kujtoj më duket si një parandjenjë a paralajmërim.

Kishe hedhur çelësat e parajsës mbi tryezë, m'u dukën si doreza boksi mbi gjoksin tim.

- Nuk i mbaj dot më. - the kokëulur.

I rrotullova në duar, por nuk guxova t'i mbaj.

Të bëhej ç'të bëhej, nuk mundja. Shihnim njëri - tjetrin, si për të pyetur:

- Po dhimbjet, dhimbjet kush i paguan?

Heshtëm. Pastaj unë ndeza një cigare për të thënë se do gjeja një mënyrë trullosjeje. Ti një melodi të trishtë, si për të thënë se do vije muzikë të lartë gjer në trullosje. Në këtë situatë dukej që asnjëri nuk mund të pranonte faj.

Thonë se "fenomenet e mëdha" në jetë, e ndajnë atë në etapa "para" dhe "pas". Dhe ti je një nga këto në jetën time. S'di nëse unë jam e njëjta gjë për ty.

E mendova këtë dhe tunda kokën me habi, se që sot e tutje do më duhej të thosha për diçka të ndodhur para se të ishim bashkë apo pas.

"Mënyra më e mirë për të realizuar një ëndërr është të zgjohesh". - thotë Paul Valéry, poeti francez. Por ne nuk e kishim bërë këtë dhe s'kishte më kohë ta bënim. Fjetëm pafundësisht, pa pasur fuqi të zgjoheshim.

Sigurisht, nuk fajësoj askënd, por tani që heshtnim më dilnin para aq kujtime. Me siguri kjo dashuri po vdiste, sepse kështu thonë, në grahmat e fundit gjithçka të del përpara syve për vetëm pak çaste.

Më zgjate dorën të ishim bashkë kundër heshtjes, por nuk ta dhashë dot. Gishtat më ishin enjtur duke shkruar letra për ty, por nuk doja ta dije këtë. Më mirë ta mbyllja me veten, ashtu si pak gjëra që kur ishim njohur.

Më duket sikur do takohemi përsëri një ditë, do qeshim e do justifikojmë se qe një shaka për të parë sa e donim njëri-tjetrin. Eh, shaka me pasoja në enët e gjakut. Jo, jooo!...

Edhe nëse shihemi rrugës, për çfarë duhet të ndalojmë kur s'kemi gjë për të thënë? Apo të të përmend se qetësove shpirtin tënd dhe trazove timin? Se thoshe "mendimet ecin më shpejt dhe nuk mund as t'i ndal, as t'i ndjek dot"?

Pasi u ndamë ndërrova emër, për të nisur një jetë apo një etapë të re. Por po të them se të vjetrën nuk e harroj dot.

Brenda vetes jam po ai.

Po ti?

16.07.2016

LAMTUMIRË

- E ti nuk i kishe vënë titull.
Në fakt, nuk ishte letër, por dëgjoja zërin tënd -

"*K*isha nevojë për një përqafim të gjatë e të ngrohtë sonte. Të thirra ngado, po askush nuk u përgjigj. Kisha nevojë të flisja gjatë, shumë gjatë. Po ku, kujt?".

Askund nuk u duk portreti yt dhe dhimbja u lag.

Më ke thënë që jam plot botë me sytë që të ndrisnin, me dhëmbët që të zbardhnin, me frymë-marjen aromatike...

Ja, ku ta them sonte! Shpirti im nuk arrin të ngrihet nga gërmadha botësh të përmbysura e të rrënuara në pafundësi. Planetet e kanë humbur ekuilibrin dhe rrotullohen çorjentueshëm. Po nuk e di rreth kujt. Kanë trajektore të papërcaktuar e rrezikojnë nga çasti në çast të përplasen. Më vijnë mendime si copëza filmash të vjetër ngjitur keq. Koha ka humbur kuptimin dhe ka mbetur pas. I shoh orët që nuk punojnë më për ta matur. Akre-pat lëvizin sipas ditënatës së çdo planeti që iu afro-het. Nuk ka koncept asgjë. Kujtoj dhe më dhemb. Hapësira është bërë sa një mollë e kalbur që më merr frymën, s'më lë të fle. Bota e parë u përmbys kur mendoja se ti nuk e dije që unë nuk buzëqeshja më për ty. As sytë nuk më shkëlqenin më për ty. Dhe nuk kisha guxim të ta thosha.

Jam mbytur brenda vetes.

Dhe thonë se për të neutralizuar toksinat përdoret qumësh. Më bën mirë. Po, po më bën mirë, se kam nevojë për lotë. Kurse mbetja e thatë shpresoj të më zbardhë shpirtin.

Bota e dytë u përmbys kur të harrova. Shumë pak të harrova, por ndodhi. Ja, si përmbysen botët, për aq pak çaste...

Bota e tretë...

E katërta...

...

Të fundit e përmbyse ti vetë kur erdhe. Ndihem vetëm, pa botë...

Ta ndjeva dorën në bel tek më afrove të më puthje si zakonisht. U bashkuan gjokset dhe drithërova e kthyer në kohë. Më fshije lotët dhe më dëgjoje...

Ndjeva të plakeshe për aq pak çaste. U zbardhe gjer në palcë. Por duhet të t'i thosha të gjitha. Ndihesha e detyruar... Prisja të ikje, të më lije vetëm. Prisja të ofshaje një sharje të pazëshme. Mbase ishte mirë ta bëje të ndihesha më lehtë. Por ti më vrave me heshtje.

E ndjeja mallin tënd të ikte e të vinte, të hapej e të mbyllej si një fizarmonikë që nuk nxjerr tinguj. Nuk dija ç'e kishe atë buzëqeshje në cep të buzës... Më dhimbje ti, më dhimbte vetja.

E di që kujtimet janë pjesë e jetës tënde, që ti

rron me to. Sa shumë janë! E di që do t'i vuash. Përpiqu të më falësh.

Më kishe thënë se doje gjithçka timen, adhuroje muzikën që më pëlqente mua, e vije në makinë. Adhuroje shoqërinë time dhe ndiheshe mirë mes saj. Adhuroje modën që ndiqja, markat që pëlqeja. Vije pas shijeve të mia. Më dhembi sërish kur kujtova se më thoshe:

"- U bëra i bukur për të ardhur tek ty".

Ti s'kishte pse të zbukuroheshe, ishe aq i bukur!

Vetëm se rrjedha e gjërave nuk shkon gjithnjë siç duhet. S'di pse. Besomë, nuk më hyn në sy asgjë. Jam kaq indiferente pas gjithë asaj që ndodhi, sa më duket se edhe kur të vdes, do më thonë:

"...Bëhu gati, erdhi koha të ikim në varreza!".

E di, gabova tek mbyllja shumë gjëra me veten dhe përsëri çelësin nuk e kisha vetë. Tani më lër të iki. Hëna i dëgjoi të gjitha dhe iku. Nata u bë më e errët.

Mos ki më merak për mua, nuk kam frikë.

Lamtumirë!".

M'u duk se ishte një ëndërr e keqe. Dhe nuk dëgjova më asgjë, përveç ndjesisë së lëvizjes së një lëngu. Më lëvrinte në trup, më gërryente enët e gjakut...

M'i treste!

15.06.2016

SIRENAT

E mban mend? Të kisha thënë të mos më lije në dorën e sirenave. As legjenda e deteve, Oiseu nuk do t'i kishte përballuar, nëse nuk do ta lidhnin aty në direkun që mban erërat dhe u jep drejtim... As shokët e tij, nëse nuk do t'i mbyllnin veshët me dyllë, sipas porosisë së magjistricës. Vetëm rremave u jepnin me një gong që i drejtonte siç duhej, pa dëgjuar asgjë, as drejtimin nga shkonin... Njësoj si unë.

Ti qeshe një çast me sytë djallëzorë, si për të provokuar vendosmërinë e burrit dhe instiktin magjepsës të mashkullit. Ndjeva dobësi, ndjeva të tretem në miklime të magjishme ëmbëlsie që nuk do mund t'i kontrolloja dot. E çdo të thoshte kjo për ty, mëkat?

E di çfarë ëndërre kam parë mbrëmë? Përkëdhelje skeletin tim dhe pështërisje fjalë pendese. Në duar mbaje një kafkë si të qe e kristaltë, unike.

Në fakt unike ishte, por jo e kristaltë. Ishte kafka ime e fosilizuar dhe ti i flisje si të të dëgjonte e të merreshe vesh me të. Pastaj bashkoje faqet e tua me të saj dhe mbyteshe në lotë pendese. Diçka flisje, por se çfarë nuk të dëgjoja dot.

Mund të më thuash çfarë thoshe? Se nuk dua të gjykoj gjithë çfarë ndjeje nga dëshpërimi.

Ishim larguar duke tallur pak njëri-tjetrin. Mbase ishte shaka, por mua nuk më tingëlloi edhe aq mirë, prandaj t'u përgjigja me të njëjtën mënyrë.

- Edhe pak del hëna pas malit. Më duhet të shkoj ta kreh. Duhet të jetë e bukur kur të dalë. Për ty, sigurisht!

Unë vura buzën në gaz me fjalët e tua.

- Mirë... Unë po shkoj t'u mbyll portën e natës yjeve. Nuk dua të shpëtojë asnjë pa vezulluar sonte. Sigurisht, për ty!

U ktheve një çast, si për të më marrë me të mirë për herë të fundit:

- Të të puth edhe një herë pa lyer buzët me të kuq, se po më pa hëna ashtu bëhet xheloze.

Dhe gurgullove në ato të qeshurat e tua.

U ndjeva vetëm në një det dëshpërimi. As anije, as direkë, as lundërtarë. Pus e errët ajo natë. Asnjë zhurmë, veç këngës ledhatuese të sirenave. Ku mund të shkoja, kur aty më kishe lënë ti vetë?

Pastaj... S'mbaj mend çfarë ndodhi, veçse ndjeja të vdisja ëmbël. Ndaj të them që ajo puna e sirenave nuk ishte kot. Më le në dorën e tyre me mish e me shpirt dhe më more kockë, më more gur.

Çdo bësh tani me mua? Kujt do t'ia dërgosh letrat tani? Nga kush do presësh letra?

Nuk është se bëhem xheloz, sepse tani nuk ndjej më, por ndjej që ti hesht gjatë, si për të harruar mëkatet. Kurse unë... Ah, unë! Kujtoj sirenat që më rrëmbyen gjithë ç'të kisha premtuar dhe më lanë ashtu si më kishe ti në duar.

Më do më edhe kështu si jam bërë?

Sa çudi!

08.07.2016

RRUGICA
"NATËN E MIRË"

Ashtu e quajta, rrugica "Natën e mirë".

Sepse mbrëmjeve tek ktheheshim veç e veç, kaloja pranë e të thosha: "Natën e mirë". Ma ktheje zëulët, por më ishte krijuar përshtypja se nuk dije kujt i përgjigjeshe. Më vinte të të dilja përsëri përpara, anash, të zgjasja kokën e të të buzëqeshja, gjersa të bindesha se e dije kush isha.

"Kam sy e shoh kudo". - më erdhi letra nga ty - "Ja, tani ike".

Qesha, ndonëse isha vërtet pas teje. Ecje drejt me dy lodra në duar. Për një çast m'u duk se i tërhiqje pak këmbët... Mbase nuk doje të ecje shpejt.

"- E kam kohë lodrash unë, duhet të iki për ku jam nisur". - thoshe në letrën tjetër.

Kjo ishte rrugica me drita të zbehta, lënë ashtu thuajse qëllimisht për të shkëmbyer ne atë përshëndetje të ngrohtë, fillimin e një bisede aq të bukur.

Pastaj më shkrove letër ku më thoshe:

"Një hije që më thotë "natën e mirë" në një rrugicë pranë shtëpisë, më tremb".

Dhe unë nuk erdha më.

Me dhimbje kaloja shpesh kur ti nuk ishe dhe pëshpërisja: "Ku je, ku je? Nuk mund të fle pa mbyllur mbrëmjen me një "natën e mirë" për ty. Vetëm kaq. Të tremb edhe një përshëndetje kaq e thjeshtë?".

Sikur të m'i kishe dëgjuar klithmat dëshpëruese, më dërgove një tjetër letër.

"Nuk të thashë të ikje, siç nuk të kisha thënë as të vije. Më mungon. S'di ku më ke humbur. Ka ca gjëra të bukura që janë edhe të frikshme. Ty s'të ndodh?".

Ulur përballë më shumë heshtnim, se flisnim. Por duhej të të pyesja.

- Ka ndryshuar jeta jote së fundmi?

Për të shprehur atë që duhej si përgjigje, sajove një buzëqeshje.

U ndjeva mirë...

- S'di pse ndodh.

Me një lloj "modestie" tentova të të josh të flisje më shumë. Me sytë përqendruar diku vazhdoje të heshtje. Duket se kishe një dilemë nëse duhej apo jo të flisje.

- Sheh ëndërra ti? - vazhdova të mikloj si pa dashje.

Më pe në sy.

- Sigurisht që shoh. Po për hir të së vërtetës, ëndërrat e mia nuk kanë emër, nuk kanë as formë. Më vijnë dhe më ikin kuturu...

- ...

- E di pse? Sepse intuita më bëri të besoj se do vazhdoje, se kishe shumë për të thënë. Dhe ndjeva se kishe të drejtë.

- Ti shikon ndryshe nga të tjerët, sytë e tu i ndjej gjer thellë, aq sa frikem se do shohësh e do lexosh çdo gjë. Ti dëgjon edhe atë që unë nuk e them. Po edhe kur flet, ke një timbër ndryshe nga të tjerët, duket sikur këndon...

- Vërtet? - të ndërpreva me naivitet të dukshëm duke buzëqeshur.

Ngrite kokën e trembur, sikur u përmende nga gjumi syhapur.

Kisha folur pikërisht atëherë kur s'duhej.

- Urdhëro? Po flisja. Mban mend se ç'thashë? - buzëqeshe me padurimin për të fshehur e anash-kaluar ligjërimin aq të bukur.

- Jo, jo!... Meditoje në qetësinë tënde.

- Edhe nëse fola, dije se nuk kam gënjyer. Sepse nuk di të gënjej. Po të them se ta ndjej edhe frymë-marrjen kur më përqafon në takim e në ndarje. E ndjej se ti prek ndryshe, ti flet me lëkurën e duar-ve. Ti emeton atë që do tek unë...

- Edhe?

- Ndihem në një gjendjeje që jo kudo e ndjej. Bë-më të besoj se ndodh vërtet. Kujtomë ç'duhet të bëj. Nuk mundem më.

Dhe bëre të ngiheshe për të ikur.

- Po pse duhet të ikim pikërisht tani? - të fola i trembur.

- Sepse ... Sepse nuk dua të të humbas!

- Ti mendon se kështu do më humbasësh?

- Po! Duhet të ikim, është më mirë për të dy.

Nuk arrita të kuptoj gjë. Një zë i brendshëm më këshillonte të bindesha, sepse ose duhet t'i besoja të gjitha, ose s'duhet të besoja asgjë. U ngrita sikur më kishin rrahur dhe të përcolla. Te rrugica... ece me lodrat në duar e më the:

- Natën e mirë! Është pikërisht vendi për të ikur.

Të rroka për beli dhe mora atë përqafim për të cilin kishe ardhur natyrshëm. Vetëm kaq.

Dritat e zbehta më penguan të të vija pas.

Në letrën tjetër do të të shkruaj çfarë ndodhi.

Tani kam pirë shumë...

Kam frikë se të humbas, po e zgjata akoma...

23.06.2016

SOT JE LARG

Sot ndjeva thellësisht trokitjen e rëndë të mungesës tënde. Ti e di që në këto raste ke në gjoks një shtrëngim vetmie. Po të them se qyteti është parfumuar nga çelja dhe aroma e blirëve. Të kujton gjë?

Stinë bliresh ka qenë kur u njohëm.

Kujtoj se ca prekje të paqëllimshme duarsh u bënë rutinë, dialog i bukur shkëmbimesh jetësore që fjalët nuk i thonë dot.

- Unë nuk di të flas më bukur se kaq...

- As unë...

Kujtoj se ti kishte frikë nga e marta. Këtë e the ashtu si rastësisht, po kur kujtova që vërtet qe e martë...

- Mirë, ikim tani e njihemi nesër. - të thashë me shaka, por pashë që sytë e tu shprehën habi dhe trembje se mund të iknim vërtet.

Po sot ti je larg. Gishtat e duarve mjaftojnë për të numëruar ditët e boshta pa ty. Por mua më duket sikur jam bërë një shumëgishtsh e ti ke një epokë që s'më je pranë. Nga malli sigurisht. Mall për shumë gjëra të vogla, por që mbledhur bashkë bëjnë një të madhe. Pëshpëris rrugëve emrin tënd e më duket sikur njerëzit do ta lexojnë...

Por nuk ndodh ashtu... Zogjtë e marrin, e parfumojnë me erë bliresh dhe e nisin lart, si ato tullumbacet e festave, mesazh që dikush po të thërret. Është mbushur qielli me emrin tënd të bukur. Eci rrugëve ku kemi qenë të dy, ulem, pi kafe ku kemi ndenjur bashkë. Dhe prap ndihem bosh, në një lloj paniku të vjetër të mbetjes vetëm. Ti e di çështë vetmia...

Përpara se të të njihja, nuk besoja në zot, po tani i lutem të të kthejë tek unë. Të rindjej embëlsinë e pranisë tënde, qeshjes së bukur e të dlirë, prekjes domethënëse të duarve, heshtjes që flet, dëshirave të pazbuluara.

Sot ndihem i dënuar që të dua kaq shumë!

Ti e dije si mund të hyje në zemrën time. Gjurmët e gishtave të tu mbi venat që vrullojnë gjak; kjo qe fjala sekrete me të cilën ti dhe vetëm ti mund të hyje në atë kasafortë muskulore ndjenjash e dhimbjesh. Sepse vetëm ti mund të pastroje gjakun tim, tubat e kalcifikuar nga koha e gjatë pa dashuri.

Të kujtohet? Më pyete nesë gërhij natën. Unë qesha... Qesha gjersa ti u habite.

- Po! Gërhij! Gërhitjet janë fjalë që akoma nuk kam arritur të t'i them. Gërhitjet e mia janë ëndërrat për ty.

Të quajta gjysmën time, pa të cilën nuk rroj dot. Dhe vura re sa shumë ngjanim. U gëzova, sepse u ndjeva i bukur...

Të të them se sot ndjej më shumë se kurrë të jemi pranë, të bëjmë dashuri. Po s'di se ku, sepse nuk gjej në botë vend më të bukur se brendia jote që sot është larg.

- ...Dua të jem e lumtur! - the syulur - Kam nevojë, kam harruar si është...

- Lumturia është utopi. - të thashë vendosmërisht të vërtetën.

Doje të të gënjeja?

Ikëm... Dhe që atë ditë mbeta gjysmë.

Nuk të kam asnjë adresë. Zogjve do t'ua lë këtë letër ta sjellin tek ty. Në të ardhtë, m'u përgjigj!

Pres të vish të të bëj të lumtur.

Sado pak.

Po vërtetësisht atyre çasteve që s'do t'i harrosh kurrë...

08.06.2016

GRINDJA

Më vjen të qesh sa herë kujtoj pse u grindëm.

- Ti i përkushtohesh shumë hënës. Nuk ndihem edhe aq mirë për këtë. - më pate thënë kokëulur, pa guxuar të më shihje në sy.

Të lashë të ecje disa hapa para, duke pritur të ktheje kokën të të shihja fytyrën e ndritur nga buzëqeshja karakterisitike. Çuditesha si nuk po ndodhte ajo që prisja dhe sekondat më dukeshin si blloqe betoni që më shtypnin shpirtin. Por ti ndalove pa e ngritur, pa e kthyer kokën.

- ...Vërtet? - pyeta butë në një gjysmë shakaje, si për të imponuar që fjalët t'i ktheja në provokim të bardhë, nga ata që shpesh të çojnë në përqafim të ëmbël e të malluar.

- Po! Një e dy "hëna kështu, hëna ashtu. Shiko si është hëna, shiko si bredh, si përgjon, sa është shëndoshur, sa është dobësuar, ku do jetë hëna sonte...". Më vjen ta marr e ta bëj copa-copa që të mos kesh mundësi t'i mbledhësh më.

- Po ja, hidh një gur në liqen dhe copa-copa e bën. - buzëqesha çiltër.

Nuk reagove. Të afrohesha lehtë. Kishte një të vërtetë në gjithë ç'po thoshe.

- ...Ke të drejtë. Nuk më kishte shkuar mendja.

Çdo njeriu në tokë i takon një pjesëz hëne. E shikon që edhe ti u bëre pjesë? - intrigova.

- Unë pjesë? - pyete e habitur pa më parë në sy.

Diçka përpiqeshe të kuptoje ç'po thosha, ose...

- Po.

U ktheve, më shihje ngultas. S'di çfarë bluaje në atë kokë të bukur engjëllore, por nuk po ndihesha mirë.

- Atëherë? Do edhe pjesën time e unë të iki?

Qesha pak. Duhej një përgjigje dhe nuk ndihesha i zoti ta jepja. Më duhej pak kohë, vetëm pak kohë të të bëja të m'i hidhje duart në qafë si një lloj prange e artë e të mos më lije të dilja më që aty.

- Jo... Mbase është më mirë të blesh ti pjesën time. - qesëndita me shpresën se do sillja pak humor e ëmbëlsi.

- Ashtu! Sa kushton?

- Pak, fare pak. Një puthje... Aq vlen ajo për mua para teje.

U ngrite nga stoli pa folur më, ike pa pritur të vija dhe unë.

M'u krijua një bosh shpërthyes me shije të hidhur. Atëherë kuptova sa vend paskishe zënë tek unë. Tani, ah, tani ndihesha shumë pak...

Dikur më pyesje:

- Sa bëjnë një edhe një?

- Një. - përgjigjesha dhe merrja përqafime e puthje pa fund.

Tani, për pak çaste ishim bërë dy e më duhej të

thosha se dy minus një bënin zero... Se atë formë kishte edhe zgavra në gjoksin tim... Ajo zgavër si gojë e madhe që pikonte hidhësi e trishtim kishte krijuar stalakmitë e stalaktitë si dhëmbët e një përbindëshi. Dhëmbë që përtypnin kujtime të mrekullueshme.

Kishim thënë veç e veç: "iku ai/ajo", por kisha bindjen se isha tek ty, ashtu si edhe ti tek unë.

Tani qesh. E di pse? Sepse hëna vazhdon ndriçon akoma mrekullisht. Më duket edhe më e bukur. Ndihem i lirë ta shoh e t'i flas...

Por ti je më e bukur, se edhe fjalët e mia i përkthen siç është e vërteta që të them ty.

Ke nisur të më thuash: "Ti je dielli im".

Unë qesh. Qesh dhe dorën në formën e hënës së drapërt ta hedh në qafë e plotësoj hiret e tua...

Sa bukur dukemi!

14.03.2016

E MBAN MEND?

Në fundjavën që përkoi me fundmuajin dhe fundstinën, uruam njëri - tjetrin me shampanjë.

- Gëzuar stinën e re, e vjetra nuk është më! Fundjavë të bukur! Muaj të mrekullueshëm! Ç'do gjë nistë nga e para në një fillim të ndritur!

Pastaj, ashtu ulur pranë njëri-tjetrit dëgjonim "fatin" në televizor. Si të gjitha spikeret që japin parashikimin e motit edhe ajo më e bukura doli dhe po fliste. Ti shihje herë mua, herë atë. M'u ngrite nga prehëri, pe që s'reagova dhe u ndjeve xheloze. Vure re buzëqeshjen time dhe dole para ekranit të më tërhiqje vëmendjen.

- Eeejjjj...

Të kapa nga duart dhe të tërhoqa nga vetja.

- Shëtshëtshët! Dëgjoje, dëgjoje çfarë thotë...

- Ç'më intereson ajo! Ty të pëlqen?

Prite përgjigjen në ankth.

- Jo, zemër, po dëgjoje, dëgjoje! Sikur jep horoskopin e motit.

Më pe e trembur për gjithë ç'thosha, u ktheve nga spikerja dhe dëgjove me vëmendje. Buzëqeshja tek shihja që fytyra të ndryshonte sipas asaj që dëgjoje.

"Në shtatë ditët që vijnë do keni mot me...".

U ktheve nga unë e habitur.

- Me kë e ka kjo? Do keni... Phhh, sikur flet kastile për ne!

"Muajin e ardhshëm moti do të jetë...".

Prapë u ktheve nga unë, më pe me habi e inat, a thua po flisja unë.

- Kanë filluar të japin edhe parashikimin e muajit tani? Uau!...

Sërish qesha dhe të çukita një puthje të të qetësoja shpirtin. Po si për inat, spikerja vazhdonte:

"Stina e ardhshme parashikohet me mot të paqëndrueshëm dhe për gjithë të lindurit në këtë stinë, moti do jetë...". U ngrite dhe...

- Pse e mbylle? - buzëqesha dhe të tërhoqa prapë në prehër.

- Nuk e di pse pata frikë... M'u duk sikur do vazhdonte të thoshte: "Në 100 ditët e tjera...", pastaj përsëri: "Në vitet në vazhdim...". Dhe gjithë horoskopin e motit të ngjashëm me fatin që më pret.

- Po, edhe ç'të keqe ka?

- Ka! - m'u përgjigje vendosmërisht - Sepse nuk dua ta di të ardhmen e motit kaq gjatë. Sigurisht do ketë ditë me diell, do ketë kohë me shi, po edhe shiu ka bukurinë e vet. Edhe shtrëngata e bubullima që më trembin. Ti e di apo jo? E pse duhet t'i di që tani? Tani, më duhet të qetësoj shpirtin këtu, në gjoksin tënd, me këtë gotë shampanje. Gëzuar!

Kanë kaluar kaq ditë, kaq javë, muaj e stinë...

Të bukura i paç edhe ato që vijnë!

fundshkurti, 2015

LISHARËSJA

*U*në e di, jam i sigurtë që toka do niste jetën edhe më parë. Por zoti ishte i zënë duke të krijuar ty... S'di sa punë e sa kohë i është dashur të të bënte kështu siç të bëri.

Kishin grindje e zënka, shije të ndryshme, si e si të të bënin kaq të bukur sa je. Edhe për të ishe motiv i jetës që bëjmë dhe i asaj që thuhet se na pret. Ndaj të kam thënë, për mua bota filloi ekzistencën ditën që linde ti.

Të kam thënë, gjithë ditën flas me ty për të mos harruar ç'do të them. Por janë shumë dhe sa ndahemi kuptoj që s'kam thënë asgjë. Dhe i paraprij gjendjes me një "uffff..." të gjatë.

Po mbase s'më lë t'i radhë të flas. Ose kam qejf më shumë të dëgjoj, se të flas. Prandaj të shkruaj e të nis letra, se s'më del koha të flas.

E po ta them këtu, gjithnjë fle majtas, për të mos i lënë shumë liri zemrës të lëvizë, se thonë merr shumë liri dhe i bën keq. Mjaft e ka atë kafazin ku e ka mbyllur zoti. Më kishe premtuar se mëngjeset do nisnin me një puthje.

- Përditë, përditë?

- Po, përditë! Mërzitesh?

- Jo! Por thonë që ka edhe grindje... - të shkela syrin djallëzisht.

- Prandaj duhet. Është ilaç ajo, tret gurëzat që të zënë rrugën. - fole buzëgaz duke më parë në sy.

Pastaj ndjeva të m'i shtrëngoje duart dhe frymëmarrjen e ngrohtë në qafë, rrëzë veshit.

- Ouuu... Po ti paske mbetur fëmijë! - brofe duke qeshur e duke më lëshuar - Ç'është kjo?

Nxitove tek ajo lisharësja që ishte në kopësht, pas meje.

Unë qesha e të erdha pas.

- Ti nuk e di ç'është kjo... - pëshpërita.

Më pe me vetullat ngrysur nga habia dhe me një buzëqeshje hetuese që kërkonte spjegime.

- Është magjike kjo. Këtu përkund ëndërrat, i bëj edhe ato të ëndërrojnë, të buzëqeshin e të kundërmojnë në lloj-lloj ndjenjash... Të marrin një lloj melodie që asgjë nuk mund t'ua japë. Sigurisht veç teje.

- Vërtet?

- Po!

- Mundem unë, apo është vetëm për ty?

- Nuk e di... Provoje.

Të ngrita peshë e të vura në stolin që varej mbi dy litarë, të gërshetuar si duar nga qielli blu, kapur nëpër degë bajamesh që sa kishin bulëzuar sythe lulesh. Ishte pranverë, mban mend? Ngrita peshë ëndërrën dhe m'u duk se bashkë me të ndenja ca çaste pezull në ajër.

- Tani mbylli sytë! - pëshpërita dhe të lëkunda.

Duart mbi litarë, drejtuar si lutje për atë që doje

më shumë. Të shihja që buzëqeshje i sigurtë se tani ishe bërë pjesë e ëndërrës. Lëkundja lisharësin si lëvizjet e duarve të një dirigjenti që udhëzon tingujt. Lëkundja ata litarë që të mbanin ty, ëndërrën time....

Tani ishe lavjerrësi i orës që drejton kohën time, ëndërrën time. I jep jetë...

Lëkundja, gjersa dëgjova britmat e tua melodioze, pashë si zbardhëllinë dhëmbët e bukur mes buzëve të kuqe që qeshnin.

- Mjaft, të lutem, mjaft! Ëndërra lëviz tek unë, më merren mentë. Merrmë, zbritmë...

Të hodha në krahë dhe të putha aq gjatë në heshtje, symbyllur.

Dhe dëgjova të thoshe:

- Besoj, tani besoj që ëndërrat dalin!...

28.02.2016

ZOGJTË

*T*i e di, shpesh më bëhet të rroj me kujtime. Të bukurat sigurisht. Dhe kthej kokën pas të shoh buzëqeshjen tënde.

Marr të të shkruaj sot, të të kujtoj se në jetë takon shumë njerëz, po jo të gjithë do t'i mbash mend. Disa dalin pa hyrë mirë, ca të tjerë nuk dalin më kurrë. Sigurisht, nuk është e thënë të jetë kohë e gjatë.

Shpesh, mjafton një shtrëngim duarsh, një bisedë, një takim sysh nga ata që të lënë gjurmë në shpirt. Dhe bëhen pjesë e gjërave më të bukura që njeriu i ruan në arkivin e tij.

Sa u habite kur të thashë që je bërë pjesë e jetës sime! Më shihje dhe qeshje e lumturuar. Kishe ardhur atë mëngjes me sytë e kuq e të ndritshëm nga lotë shqetësimi.

- Kam parë në ëndërr zogj të plakur...

Të pashë me një lloj keqardhje që u kthye pak nga pak në shaka.

- Sa vjeç ishin?

- Mos u tall, të lutem! Është ogur që s'më lë shije të mirë.

- Po ku e di ti që ishin të plakur? Zogjtë nuk tregojnë moshë...

- Ishin, ishin, besomë. Të thinjur, të bardhë...

- Ahahaa! Kanë qenë pëllumba. Dhe është ogur i mirë.

- Jo, por ndoshta... - nise të qeshje - Si s'më shkoi mendja!

Më hodhe duart në qafë e po më thoshe:

- Qetësia ime, ti...

Ndihesha i përkëdhelur, ndihesha i vlerësuar...

- Gita ime... - guxova të pëshpëris.

Nuk kisha parë njeri të zbardhej e të ftohej brenda çastit gjer në trembje. Të bëhej një stalakmit në duart e mia.

- Ah, ja oguri i keq! Unë nuk jam Gita. Aq më tepër jotja... Si munde?

Dhe më shtyve me zemërim të ndezur në çast. Besova se dhe akujt shkrijnë nga dëshpërimi.

Të tërhoqa dhe të putha fort.

- Ti je Gita, sepse ty të pëlqejnë aq shumë këto...

Dhe nxora shpejt nga aty ku i pata fshehur një tufë margaritash.

Si të shkëlqyen sytë!

I zgjidha dhe nisa të zbukuroja atë gërshetin e hollë që të lidhte flokët rreth kokës. Sa herë fusja margaritat një nga një nëpër flokë, të puthja sytë, buzët... Sa shpejt po mbushej floku me lule...

- Ti je Gita, se të pëlqen kaq shumë kjo..

Dhe nisa të të këndoj lehtë në vesh "Marghritën" e Coçiantes... M'u vare në krahë symbyllur me atë buzëqeshjen tënde të papërsëritshme.

Vallëzoje në krahët e mi...

- Ti je Gita, sepse të pëlqen kjo... - dhe nxora një shishe kokteili nga ajo që pinim mbrëmjeve në plazh, kur dielli freskohej në det dhe ti për të më ngacmuar mua, thoshe:

- Mbaje diellin! Mundesh? Ai po fiket dhe nesër do zgjohesh vonë për ta ndezur...

- Për të gjitha këto, ti je Margarita. Dhe je imja... Sy vezullues që flasin.

- Ti je qetësia ime, ti je lumturia ime, je në jetën time...

Dhe... Kaq mjafton për të qenë të njëri-tjetrit, për të mos u harruar më.

Edhe kujtimet ta zbukurojnë jetën!

25.02.2016

TINGUJT

Nuk e di si kisha filluar të dëgjoja zërin tënd çdo pasdite. Kur më mungonte s'di si ndihesha... Mbase pa vetëdije, gjersa ai dëgjohej. Po, po! Vinte si kambana e orës së qytetit. Ta dish që fytyra më ndrinte, ndjeja të bëhesha i bukur, të qeshja vetiu tek dëgjoja ata tinguj që niseshin tek unë.

Ndjeja të jetoja...

Vërtet, si ka mundësi që janë vetëm shtatë nota muzikore? Më dukej se vinin simfonitë më të bukura. Më dukej se ata tinguj ndërronin stinët... Tinguj që kurrë më parë nuk i kisha dëgjuar.

Ti shpesh pyesje:

- Pse nuk flet? Më dëgjon?

Po jo me fjalë, me tinguj. Të betohem që i përktheja për mrekulli. Qëllimisht nuk të ktheja përgjigje. Po, po qëllimisht. Që ti të më dërgoje ata tinguj që për mua ndërtonin çdo gjë të bukur të kësaj bote. Vazhdoja të lumturohesha, ndërsa ndjeja se ishte një membranë kaq e ëmbël dhe e tejdukshme që më mbulonte. Ndihesha i pafuqishëm të flisja. Më dukej se zëri im do ta trembte atë bukuri tingujsh.

Fjalët e tua nuk kishin germa, ishin nota. Fishkëlleja t'i mësoja përmendësh, që të nesërmen t'i përsërisja të më zbukuronin ditën dhe një ditë të t'i ktheja. Por nuk ndihesha as vetja. Zëri im, për hir të së vërtetës më dukej se e prishte atë magji...

Më tregoje me tinguj si kishte qenë dita jote. Pastaj qeshje përkëdhelshëm, sepse e dije që dëgjoja.

Vinte një çast që kambanat duhej të heshtnin. Më pushtonte një ankth i habitshëm, një shqetësim, sa klithja shëmtuar:

- Moos! Mos hesht, të lutem, mos hesht!...

Dhe bija në gjumë pa dëgjuar tinguj të tjerë, për të mos prishur ndjesinë e tingujve të tu.

Por kambanat e qytetit ka kohë që heshtin. Nuk di ç'kanë. Ditët e mia kanë një ngjyrë të zbehtë që kurrë nuk e kanë pasur. Ditët e mia duken të sëmura.

Kjo heshtje nuk më pëlqen më. Ndjej të humbas humnerave, e ndërsa trupi më përplaset shkëmbinjve të grinjtë, asnjë tingull nuk dëgjohet nga përplasja...

Po shkoj të gjej e të pi verë nga ajo që të pëlqen aq shumë kur jemi të dy, të lexoj diçka, pa të harruar ty. Mbase nis të dëgjoj përsëri ata tinguj e pastaj të fle.

S'ka rëndësi sa gjatë...

23.02.2016

CA GJËRA QË NUK
T'I KAM THËNË

Zilja e derës në një orar të papritur, bën të rrudhësh buzët nga habia, pakënaqësi që dikush të prish qetësinë e atyre çasteve që do t'i kesh të tuat. Përveç djemve që pyesin: "E dini ku e ka shtëpinë... Ah, më falni!", qetësinë mund ta prishin edhe ca predikues që ose nuk dinë të predikojnë, ose predikojnë aq keq, sa gati-gati të thonë:

"- Mos u mërzisni, ju lutem, për këtë paguhemi! Ah, jo në lekë, jo! Po ja... një vend falas për lumturi në jetën tjetër.

Mund të jetë edhe postjeri që shpesh i bie ziles dhe nuk pret t'i hapësh derën, por nxiton të iki. Po, po, ai postjeri që sjell letrat e tua.

Ashtu paska qenë!

E di? Vërtet ka ca gjëra që nuk t'i kam thënë...

Sepse po u thanë e humbin bukurinë. Mbase të shkruara tingëllojnë më mirë, më elegante. Kur shkruhen janë të tejshkuara në një fill të mrekullueshëm, të artë malli dhe duken si stolitë e një gjerdani që kushdo do ta kishte zili.

E ja, dua të të them se kur ti fle mbi tapetin e bardhë, bëhesh engjëll, kënaqem duke parë si buzëqesh e vozit ëndërrave. Me kokën mbi pëllëmbën e hapur, si për të pritur çdo ëndërr të mos iki.

Vij e të shoh atë fytyrë që në pamjen e parë duket e qetë dhe e butë si e një fëmije, ose si të them... Mbase e një femre të bukur, të gdhendur në gur mijëra vjet më parë. Ndërsa nën atë fytyrë, në gushë sa herë merr frymë e gëlltitesh, lëviz ajo gunga që bie në sy te meshkujt e fortë e është quajtur "Molla e Adamit".

Vij e të përkëdhel me shikim admirues. Nuk e bëj nga ndrojtja kur je zgjuar. Shoh krahët me lëkurën tendosur nga muskujt, shoh barkun e rrafshtë të një mashkulli që dua, shoh këmbët që më ngjajnë me të atletëve monumentalë të kohëve të vjetra. Ashtu më dukesh. Pastaj, kur shoh që qesh nëpër ëndërra, kur shkëmben mesazhe me lëvizjet e fytyrës në gjumë, bëhem xheloze. S'kam pse ta fsheh tani që e shkruaj. Më duhet të të zgjoj, të të ndërpres flirtet kushedi se ku nëpër vegime shumëngjyrëshe që vetëm ti i di. E nis të zvarritem si një nepërkë e bukur, siç thua ti, mbi tapetin e bardhë shtruar mbi shtrat.

Qesh me vete ende pa u zgjuar ti. Se gjuha ime është e plotë, jo e ndarë mëdysh si e nepërkës dhe ka helm të ëmbël, siç thua ti. Di të zgjohesh pafajësisht kur ndjen shikimin tim. E kam vënë re shumë herë këtë.

Në nisje të ndjej të ndahesh nga ëndërrat dhe butësisht të më tërheqësh mbi gjoksin tënd që merr frymë çuditshëm. Më duket se ashtu, gjoks më gjoks ndjej të jem e pavdekshme.

Po si të të them... Ti di të zhveshësh me sy. Duhet të pranoj se më bie lëkura gjarpërushe ngjyra-ngjyra e ngecur në thonjtë e tu që dinë të më heqin ndrojtjen.

Pastaj, më duket se bëhesh i tëri hundë e bukur që nuhat kudo aromën time. Thua shpesh se aroma ime përkthehet në tinguj që askush as i dëgjon, as i ndjen dot. Vetëm ti. Janë ftesa që vijnë për te ty si fluturza joshëse...

Më vjen kaq mirë të të besoj.

Pastaj më duket se bëhesh i tëri sy i madh që nuk lë vend të bukur pa gjetur e pa parë tek unë, pa më mbuluar me një cipë të tejdukshme që bën të më duket vetja tërësisht jotja.

Ndihem e pushtuar.

Pastaj bëhesh një vesh i madh dhe sërish qesh, sepse dëgjon çfarë thonë trokitjet e zemrës sime, vrulli i gjakut nëpër vena, qesh e më thua gjithnjë:

- Unë di t'i përkthej këto zhurma, t'i bëj vargje.

Pastaj duart e tua, gishtat e tu, bëhen tentakula. Po, po! Tentakula të një qenieje që mua më pëlqen ta ndjej të më prekë e të më pushtojë kudo. Janë aq të ëmbla ato prekje! Sepse ti di të prekësh! Sepse je ti... Ndjej të enjtem e tëra e të ndërroj ngjyrë. Të bëhem botë, siç më thua ti, "bota ime". E bardha bëhet e kuqe, merr jetë. Jetë që di të ma japësh vetëm ti.

Tani po, tani je zgjuar i tëri. Sytë të janë bërë të verdhë, të bleruar, si të një bishe që mban në kthetra gjahun e shumëpritur. Ndjej atë vështrim të ndezur që zjarrmon vullkanë dëshirash. Jam jotja, le të jem preja e një mbreti të tillë, sepse nuk ndihem e nënshtruar. Jam vetëm unë e kjo më privilegjon... Ndihem e lumtur nën fortësinë e ashpërsinë e një mashkulli si ty.

Fryma e nxehtë në vesh pëshpërin fjalë të buta, të bukura, muskujt flasin me vendosmëri e forcë. Jemi bërë njësh dhe unë e ndjej rrugën e parajsës. Eci ngadalë mbi të, e dehur, e mpirë nga ekzistenca jote që më përkund në lavjerrës dëshirash të shumëpritura. Më vjen kaq mirë që jam kthyer në lodër duarve të tua. Përkëdhelem... Sa ëmbël!

I dua, lus zotin të jenë sa më gjatë ato çaste... Por koha nuk ekziston, ajo është një nocion marrëveshjeje, thua ti sa herë të them "s'kam kohë".

Pastaj... Nuk ndjej më ç'bëhet, takoj figura e personazhe mistike nëpër ëndërra dhe vegime. Po të gjithë çuditërisht janë ti, kanë zërin tënd, aromën tënde, ndijimin tënd.

Kur zgjohem nga këto turbulenca, shoh që fle...

Më duhet të pres përsëri edhe pak. Një zgjim tjetër i bukur na pret. Edhe mua, edhe ty...

Të ndjeva duart të më prekin, të më thonë:

- Zgjohu dhe eja! Të pres...

Palosa letrën dhe duke buzëqeshur në pasqyrë pëshpërita:

- Pritmë, po nisem!...

29.01.2016

PËRTEJ KUFIJVE

Në fakt e di që nuk duhet të shkruaj kështu, sepse edhe vetë ndihem në një udhëkryq me semaforë të prishur nga mallkimi i njerëzve që kanë zgjedhur rrugën e gabuar. Sigurisht, pa të gjykuar ty, pa gjykuar as veten.

Me vetëdije të plotë i mbylla dritaret që ndriçonin nga ana jote, me qëllimin e vetëm të mos më shihje. Sepse e di që edhe me aq sa kam për të parë, ti më sheh dhe vazhdon atë rrugë miklimesh që nuk më lë të qetë. Por ai që e vuan jam unë ama. Ti e di këtë dhe prap dukesh e qetë.

Sa për mirësjellje të kam lënë një shënim, kur të vish trokit në derë me vetëdije, se ku dhe çfarë kërkon.

Më vjen të qesh.

Por në fakt mes nesh janë krijuar ca kufij që djegin pak. Nuk e di... Shpesh më duket një gardh i thurur me hithra. Nganjëherë me ferra që shpojnë e më pas e shoh me trëndafila çelur. Dhe përsëri, kufi mbetet, por i bukur ama. Nuk di çfarë justifikimi e shpjegimi të jap pse i mbylla dritaret. Po për hir të së vërtetës dua të të them se nuk ndihem mirë e nuk dua të paguaj asnjë lloj takse të të shoh, të të flas, të të dëgjoj, të të prek.

Dhe të gjitha këto, e di për çfarë? Për premtimin që të kam bërë, ose siç e thua ti shpesh duke qeshur, se duhet bërë e kundërta e gjithçkaje që nuk është premtuar. Më kujtohet buzëqeshja jote dhe vë buzën në gaz. Sidomos kur qeshje e shpotisje tek më dëgjoje dhe kuptoje që doja t'i merrja përsipër vetë shumë gjëra.

- Edhe ti! Nuk mund t'i bësh të gjitha vetë!

- Po pse?

- Sepse njeriu është qenie sociale. Që në ditën e parë të jetës nuk ke pasur mundësinë e aftësinë më të vogël të të organizosh ceremoninë e ditëlindjes.

Sa qesha atëherë e të thashë:

- E vërtetë! Por mund të organizoj më së miri ceremoninë e funeralit tim.

Më re pak buzëve me vetullat e ngrysara.

- Ç'thua kështu?

- Po kush tjetër mund ta bëjë më mirë se unë? Vërtet, pse duhet ta bëjë dikush tjetër? Edhe fjalimin mortor dua ta shkruaj vetë. Ah, sikur edhe vetë ta lexoja! Ahaha...

Nejse, nejse... Shpesh pendohem që i shkruaj kështu letrat për ty, prandaj nuk i dërgoj fare. Më mjafton ai rrethrrotullimi i kthyer në lulishte... Shpesh pa ditur ç'duhet bërë, po vërtet që semaforët nuk i dua, sepse ndihem i shantazhuar nga koha e secilës ngjyrë, për të zgjedhur një rrugë që s'di ku më çon. Ndoshta... tek ty!

Po ti si vepron?

05.10.2017

HIJA

Sot ishte kohë e vrenjtur thuajse gjithë ditën. Më duhet ta lë ndrojtjen pas e të të shkruaj për çfarë më ndodhi tek ecja rrugëve të qytetit. Besoje, pa pasur asnjë ndriçim pas, shihja hijen të ecte para meje. Po, po hijen time!

Habitesha, ndërroja drejtim. Ktheja kokën të gjeja pas vetes një burim drite që të mund të shpjegoja hijen. E përsëri e përsëri ndodhte e njëjta gjë.

Guxova e i fola, ndonëse ishin thjesht format e trupit tim. M'u përgjigj me zërin tënd. Gjithsesi ika... Më ndodhi përsëri, por ika e ika përsëri.

Të kujtohet çfarë ndodh shpesh mes nesh? Kur ty të pushton ajo mërzia, ashtu më gjen edhe mua. Nis tregon. Tregoj dhe unë...

E njëri pas tjetrit tresim mërzinë, gjersa vjen buzëqeshja e munguar.

Po, po! Andej eca sot në mbrëmje, nga parku i pyllëzuar ku të përcjell ty mbrëmjeve. Qielli përsëri i vrenjtur. Askund hënë e yje. Asnjë dritë. Po hija ime ecte sërish para meje. Më fliste me zërin tënd.

Mbeta habitur kur pashë veten te dera jote.

Nuk ra zilja, po ti e ndjeve zërin tim dhe e hape atë derë...

29.09.2017

GURALECËT

- S'di pse të kam dashur që në fillim. Edhe pa të njohur. Mbase intuita femërore bënte të besoja se ishe njeriu i duhur. - më thua.

Por mbaj mend që më kishe çarmatosur të gjitha njësitë mbrojtëse, me një guxim adhurues dhe një xhentilesë shembullore. Ishim në plazh në atë fillim të bukur, nuk di pse edhe pa u njohur më parë shkëmbenim ndonjë përshëndetje e ndonjë gjysmëbuzëqeshje jo krejt për njëri-tjetrin.

Qesh e të them:

- Vërtet dyshon e mbaj mend apo jo? Jam gati të të them edhe shumë detaje të tjera që jam i sigurtë se ty nuk të kujtohen. Të të kujtoj se zanafilla e kësaj dashurie kam qenë unë, pikërisht atëherë kur dola me not, me dy yje deti në duar, një të kuq, një të bardhë dhe m'i kërkove çiltërsisht sa të bëje një fotografi.

"- Po të duash mbaji, t'i kam falur, nuk më duhen. Kap të tjerë".

"- Vërtet?! Faleminderit! Po për kë i kap?" - pyete pafajshmërisht.

Unë qesha e për pak sa s'thashë:

"- Për ty!".

Sa herë ktheja kokën nga çadra ku rrije, shihja të ravijëzohej një buzëqeshje. Duhet të them se edhe kur shihja sipërfaqen e ujrave, dallgët më ngjanin si dhëmbë të bardhë, deti qeshte lumturisht në paqe, unë krahasoja madhështitë.

Për fat të mirë i mbaj mend të gjitha rrobet e banjës që përdorje, ndonëse shpesh mbuloheshe me një copë tyl rozë që e kisha marrë inat, se sa herë ngriheshe nga shezloni, të mbulonte hiret që mezi prisja të shihja...

Dhe... Kisha vënë re se i doje aq shumë ngjyrat. Dilje në breg, kërkoje e mblidhje guralecë me forma dhe ngjyra të ndryshme. Më vinte aq inat që ikje, largoheshe nga çadra për t'i gjetur e për t'i mbledhur ata dreq gurësh.

Nuk e shtyja dot vetëm në hije. Ndjeja boshllëk dhe një bezdi të paqëllimtë në atë ndenjie.

Për kë i mblidhje?

Po ti s'i di të gjitha. Një mbrëmje dola, mblodha guralecë të bukur dhe i shpërndava rreth çadrës tënde që kur t'i mblidhje të nesërmen të ishe afër. Ashtu ndodhi...

Vërtet, ç'i bëje gjithë ata guralecë me ngjyra?!

Doja ta kuptoje se ç'ndodhte, më dukej punë e dyfishtë ta bëja sërish. Prandaj... Dua të ta them sot. Gjeta ca lapustila me ngjyra të ndryshme, ngjyrosja nga një gur dhe e hidhja gjithnjë e më pranë çadrës sime që të afroheshe ti.

Ah... Çfarë ndjellje e bukur!

Qeshja sa herë gjeje afër guralecë të ngjyrosur dhe lumturoheshe.

Gjersa the me gjysmëzëri:

"- Qenkam lodhur kot, i paskam pasur kaq afër, edhe më të bukur".

- Më fal që t'i them sot këto djallëzi të bukura e s'ti kam thënë më parë!

Por të shoh sytë djallëzorë të qeshin e dëgjoj të thuash sot, pas kaq kohësh:

- I dija të gjitha, i dija! Po të them edhe se guralecët që mblidhja paraditeve, i shpërndaja sërish mbrëmjeve për të qenë gjithnjë pranë të nesërmen.

Gjysmë i inatosur bëj të "mërzitem", pastaj zgjas duart të të marr pranë.

Dhe bindem që gaboj kur them se kujtoj më shumë se ty...

04.09.2017

SAJESA PËR TË LUAJTUR

Ti e di çdo të thotë të takohesh pas kaq kohësh. Do të thotë që malli të jetë bërë guaskë rreth gjithçkaje që të rrethon, të kesh një lloj ndrojtjeje për t'u parë sy më sy, sepse vështrimet thyhen shpejt e tregojnë dëshirat e mbledhura prej kohësh.

Po kur bie shi, gjërat thjeshtohen, se mund të gënjesh për lotët...

- Ç'është kjo?

- Fenomen! Nuk e dije?

Unë qesh pa të parë në sy, se këto janë gjëra që i sajoj thjesht për të luajtur me ty.

E sot, tek rrinim pranë të pyesja me sy:

"Përse i duhet dhënë përgjigje çdo pyetjeje? Fundja, pse duhet të ketë kaq pyetje, kur fjalët po mbarojnë? Ti e di, kur fjalët rrallohen, heshtja nxit duart, prekjet, përqafimet. Nganjëherë për fat të keq hyn në mes ndonjë grindje e papritur".

Por...

Por ka shpesh një rrugëdalje. Si sot kur nisi shiu. Pikërisht në udhëkryqin midis fjalëve dhe prekjeve, moti u lag dhe duke mos pasur ku të shkonim, gjetëm atë copë strehëz. E bëmë fole për minutat sa kujtuam se u mbrojtëm nga shiu.

Pastaj ishe ti që the një:

- Ejjj!...

Dhe gjeta veten duke kundruar fustanin që lagej e kopjonte përsosmërisht format e tua.

- Çfarë? - u zgjova dhe qesha.

- Eja më këtej se do lagesh e do ftohesh! - më the kokëulur, e ndrojtur.

Vërtet ishin ca pika dredharake që na lagnin edhe nën strehë. Nuk kishim ku të shkonim. Shiu shtroi mirë dhe unë nisa të them:

- Ti je një gënjeshtare! Ahaha! Sepse zemërohesh me erën që të prish flokët rregulluar qëllimisht për të ardhur tek unë, ndërkohë që kur unë t'i prek e t'i shpupuris, nuk më thua gjë.

Sepse...

Kam ndërtuar një "googlemaps" të trupit tënd dhe kur të prek, ti nuk proteston, vetëm mbyll sytë.

Sepse ka ca gjëra të fshehta, kaq të bukura, që ti i mban mbyllur dhe i hap vetëm për mua...

Sepse kjo është ajo kimia e bukur që na lidh të dyve, ajo që shumë të tjerë i lë në klasë...

- Çfarë qenkam unë për ty? - më përmend sërish nga përhumbja.

- Unë qesh. E di pse? Sepse ti je elementi i parë i Tabelës së Mendelejevit për mua.

- Mirë, pra mirëëë! Po shiu ka pushuar. - më thua.

Më çukit një puthje çapkëne si pa mendje dhe vrapon të ikësh duke më kujtuar:

- Ik, thahu se ftohesh! Flasim...

03.09.2017

JAM LARG

*T*ë them se jam larg, në vise të bukura, shtegtuar përkohësisht për pushime. Jam pa ty... Por në çdo pjesore kohe të kam kujtuar.

Ashtu si di unë.

Të kam kujtuar për t'u çmallur me imazhin tënd që askund s'e gjeja, veç nëpër ëndërra. Sepse gjërat e bukura duhet të jenë bashkë, plotësojnë njëra-tjetrën. E ti do t'i zbukuroje ato vise edhe më shumë. Me hiret e tua, me fjalët, me zhurmëzat e tua.

Dhe e di, e di çfarë ndodh?

Më shumë e ndjeja mungesën tënde, mallin dhe nevojën të të kisha pranë. Ja, të ta them pak më thjeshtë, se po më shikon në dritë të syrit... Është si puna e zjarrit, i fryn ta fikësh, por i fryn edhe ta ndezësh.

Kështu ndodh edhe me mua. Sa më shumë të kujtoj, aq më shumë mall ndjej, aq më shumë të dua pranë. Dëgjoj të më thuash:

- Çlodhu, ç'më do aty, të grindemi?

Më vjen të qesh, sepse pikërisht ajo grindja jote është fryma që i fryn e ndez zjarrin.

Po. Edhe për kaq pak kohë do të të doja me vete. Se fundja, edhe dallëndyshet e ngrenë folenë për dy stinë, aq iu duhet, po pa të s'bëjnë dot.

Shpesh ndruhem të të shkruaj. Sepse më duket se ti i di të gjitha, dhe vetëm luan pak me mua. Më pëlqen kjo lojë. Prandaj edhe bëj sikur s'kuptoj, që të fillosh përsëri e përsëri ato miklimet e ëmbëla.

Që atëherë... Në ato fillime, kur ende hutoheshim para njëri-tjetrit pa kuptuar pse. E dija që hutimi do ma mbyllte gojën, do m'i mpinte fjalët kur të vija te ty dhe do harroja ato që bëja gati që në mbrëmje për të nesërmen. Ndaj, gjithë ç'doja të të thosha e shkruaja shkurt në pëllëmbë me një stilolaps majëhollë.

Mes shkëmbimit të shikimeve e takimit të zjarrtë të syve, herë-herë lexoja "kopjet" aty ku i kisha shkruar. Po qesh, e dashur, sepse nuk guxoj të pyes nëse u ndodh të gjithëve kështu.

Shpesh kaloja rreshtat i hutuar e t'i thosha të gjitha nga fillimi. Kur ndaheshim, nga djersa e emocionit shkrinte boja në pëllëmbën time, e gjithçka kopjohej në dorën tënde të bardhë kur takoheshim për t'u ndarë.

Herën tjetër në takim, me buzë në gaz e ngacmueshëm, më thoshe :

- Prit! Ke harruar të më thuash se...

Skuqesha. Nuk e kuptoja ku e dije ti ç'mendoja unë. Vonë e kuptova edhe që ma shtrëngoje pëllëmbën qëllimisht kur ndaheshim.

Janë ditë pushimesh.

Të kujtoj dhe dua shumë të të kem pranë...

24.08.2017

KUR BIE SHI

E di?

Të them se mbrëmë ra shi dhe përfytyroj gëzimin tënd. Sepse ti e di çdo them unë pas kësaj. Ti në fillim hesht, më sheh në sy, vë buzën në gaz e dëgjon si një nxënës i mirë.

Sepse thosha e thosha nëpër letra që "duhet të bjerë shi".

- Ti e ndolle? - më pyet e çuditur - Ti e bekove? Sa mirë!...

Po kur ndjej ngacmim në fjalët e tua nuk rri dot pa të shpjeguar e pa të thënë me detaje se vjeshta po vinte para kohe. Ato gjethet e thata që bien i dua të gjitha të shkruara e të plotësuara me mesazhe. Por ato ishin bosh, se po binin para kohe. Të ta shpjegoj më thjesht. Është si një përqafim pa të marrë malli akoma...

Sa qesh kur të shikoj sytë e habitur që thonë:

- Nuk e ndjej as unë, as ti këtë stinë. Se... Ne gjithnjë kemi mall.

Po kur bie shi, lahet ajri mbi qytet dhe çdo gjë duket shumë kthjellët. Aq sa mund të të gjej lehtësisht mes njerëzve, të dalloj së largu vendet ku jemi puthur e kemi bërë dashuri. Lahen gjethet e marrin jetë lulet e stinës. Edhe ngjyrat ndryshojnë, bëhen më të bukura. E gjelbra merr jetë sërish për

të thënë se vjeshta është ende larg. Dhe se ka ako-
ma kohë për të bërë pushime në det.

Po unë e di që kur bie shi, ajri freskohet dhe ti
ke pak ftohtë. Të ta përkthej edhe këtë?

Qesh, sepse kur bie shi, vërtet moti freskohet,
vërtet ti ndjen pak ftohtë dhe sigurisht ke nevojë
për një përqafim më shumë. E unë ndihem edhe
më mirë.

Po kur bie shi ndjej të më thuash me gjysmë zë-
ri:

- Merr çadër, mos harro!

Megjithëse ti e di që unë zëplotë do përgjigjem:

- Na del çadra jote...

Do zoti nuk laget kjo letër!

21.08.2017

SEPSE TI GJEN GJITHNJË NJË ARSYE

Të kujtohet si të thashë dikur?

"Unë bëj gjithnjë të njëjtin gabim…".

Sepse gjithnjë rikthehem tek ty pas çdo grind-jeje. E di pse?

Sepse ti gjithnjë gjen një arsye për t'u kthyer

Më duket sikur janë lodra fjalësh, por në fakt janë lodra dashurish. Bëra një test me mend dhe më rezultoi se ndodh kudo.

Pas mërive të shkurtëra, do gjesh një arsye të më shkruash:

"Herën e fundit diçka ke harruar këtu…".

E ndjej se duhet të hesht, pastaj të të them:

"Po, vërtet! Më mungon…".

"Eja merre, por mos vono! Qëllon ta humbas, qëllon të prishet nga e ndenjura gjatë dhe nuk dua llafe…".

Sepse është një arsye më shumë…

Dhe nxitoj të vij, por tek ty bëj sikur e mora me nge.

Ndodh aq shpesh që pas ditësh të tëra heshtje-je, të më shkruash:

"Mos është vonë të të pyes për diçka?".

Unë qesh, sepse e di arsyen.

"Jo, jo nuk është vonë. Qenka urgjente? Pyetmë!".

"Ja, se...". - dhe unë qesh me pyetjet e tua.

Po nëse ti nuk shkruan, jam unë që "gaboj " duke pyetur:

"Si je? Se të paktën miq kemi mbetur, miqtë interesohen për miqtë...".

Dhe tek më kthen përgjigje për pyetjen e shumëpritur, më pyet dhe ti. Dhe hapet një rrugë e bukur fjalësh e nazesh...

Sepse ka një arsye të vazhdojë mendimi për ty e për mua.

Nëse është dimër, gjen një arsye të më shkruash e të më pyesësh.

"Po ti, ke ftohtë? Më gjej një lokal me oxhak. Pimë çaj e marrim një të ngrohtë...".

Unë qesh gëzueshëm atëherë dhe e gjej siç e do ti. Dhe rikthehemi te njëri-tjetri.

Nëse është pranverë ti gjen një arsye të më pyesësh:

"Kanë çelur lulet andej nga anët e tua? Kanë bleruar lëndinat? Po dallëndyshet kanë ardhur? Është ngrohur ajri?".

E unë gëzueshëm përgjigjem e të them si blerojnë lëndinat e shpirtit tim, si cicërojnë pasthirrmat e fjalët e mia dhe gjoksi më gufon mallit për ty...

Sërish ndjej rikthimin e ëmbël.

Nëse është verë gjen një arsye më shumë për të pyetur:

"Ke vapë? Këtej u dogjëm".

"Edhe shpirti yt? Mos e lër. Një ditë do më du-het...".

"Një ditë? Thua të jetë larg?".

"Nuk e di, atë e di ti".

Dhe qesh.

Në fakt më vjen të të them se fjalët e tua më shtojnë djersët. Po e di që do më thuash:

"S'ka gjë, mos ki siklet, lerma mua këtë pjesë".

"Po ti eja një herë, pastaj shohim...".

Të ftoj butësisht dhe ndjej se do të thuash diç-ka, por sedra nuk të lë.

"Pse, ka sedër në dashuri?".

Qesh. Por ndjej se të kam pranë. Në vjeshtë, mes shumë arsyesh të rilindjes së një stine të re punësh e detyrimesh, gjen kohë të pyesësh:

"Si ishin pushimet e tua? Uroj të jesh kënaqur!".

"Ah, pushimet e mia? Pa ty?". - bie si në hum-nerë - "Nuk jam çlodhur ende...".

"Vërtet? As unë. Mbase po të takohemi...".

"Do vish apo të vij?".

"Ja, ta mendojmë pak...".

Dhe ndjej të përkëdhelesh plot naze.

Dhe nuk vonon të vish... Sepse ti di t'i gjesh ar-syet për t'u rikthyer. Sepse ti di të më bësh të bëj gjithmonë të njëjtin gabim.

Pastaj të shoh në atë qëndrimin e bukur, sikur pozon për një piktur në perëndim të diellit. E pret nga unë...

Po unë mundohem të pikturoj me fjalë.

Dhe thua:

- Çudi! Këto ecejaket në dashuri janë aq të ëmbla...

Të ëmbla?

- Po, po të ëmbla. E ke parasysh fizarmonikën? Edhe kur fletët largohen, edhe kur fletët afrohen nxjerrin tinguj. Tinguj të bukur për ata që dinë t'i dëgjojnë e t'i ndjejnë. Një lloj harmonizimi në lëvizje e në tinguj. Si...

- Si kush? - të pyes ngacmueshëm.

Po ti nuk flet, vetëm më hedh duart në qafë, në atë përqafimin që aq herë të kam thënë se e ke më të ëmbëlin dhe më pëshpërit në vesh ca fjalë me plot dashuri e dëshirë. Fjalë që vetëm unë di t'i përkthej.

Je e zonja të gjesh gjithnjë një arsye për të ardhur tek unë.

Prandaj të dua!

17.08.2017

PSE DUHET
TE MË DUASH?

Prita të mbyllej dita të të shkruaj.

Sot jam munduar të zbatoj këshillat që të të ndjej sa më pranë. Së pari vlen të them se nuk tymosa asnjë cigare. Më vjen mirë për këtë, se ti ndikon shëndetshëm tek unë. Besoj se do ta lë fare. Nuk ishte gjë e madhe ta mposhtja si tundim. Po fundja, ti më ke bërë ta pi mbrëmjeve...

U zgjova vonë. Nuk kisha ndonjë detyrim të dilja shpejt. Kur folëm në telefon po pija kafen pa raki. E mbusha një gotë, por m'u kujtove ti. "Pas çdo gllenke alkool vdesin mijëra qeliza në tru".

Vendosa t'i mbroj. Nuk e piva. Për hir të së vërtetës po ndihesha mirë dhe të bekova këshillën.

Pastaj u ula dhe lexova. Çfarë? Po ja, nga ato letrat që Napoleoni, Hygoi, Bajroni e të tjerë iu kanë derguar të dashurave. Sinqerisht të them, nuk u ndjeva më i vogël se ata. Më vjen të qesh...

U ngrita duke iu ndjerë vlerën dhe pastrova nga pluhuri gjithë librat që kanë pushtuar raftet mbi kokën e krevatit. Ca të vjetër, të rrënuar i mbështolla me letër të bardhë për të mos u shqyer fare.

Mendoja se sot, me gjithë ato përkthime e autorë të ndryshëm, zor se bie të lexosh për herë të dytë një libër. Pashë me trishtim që ata libra nuk ishin më në lavdinë e dikurshme. Ndaj i zhvështolla dhe i lashë siç ishin dikur. Le të rrojnë sa të kenë fatin në të lexuar. Librin nuk e mbron mbulesa.

U vesha shpejt për të shkuar në një detyrim. Nuk e mora makinën, se ti e di si është parkimi. As biçikletën, se ti gjithnjë më thua: "Kujdes, ka rrezik ecja me biçikletë në qytet. Shoferët janë të papërgjegjshëm, sidomos kur semafori është jeshil".

Dola me këmbë, vura edhe kapelën, sepse është shumë nxehtë dhe dielli bën keq në këtë orar, më këshillon ti. Nuk dua të qeshësh, po për hir të së vërtetës, nuk ktheva kokën pas asnjë vajze të bukur, se e di që ty s'të vjen mirë. Ecja drejt. Mendoja për ty e nuk tundohesha nga asnjë bukuri tjetër.

Te kioska e pensioneve, pashë pleqtë në radhë. Pata një lloj keqardhje, pastaj pak zili... Dhe nxitova në punën time. Në kthim, në shtëpi hëngra drekë. Lehtë, me pak yndyrë, me pak kripë. Ëmbëlsirë jo e jo, se sheqernat bëjnë dëm, thua ti.

U shtriva të çlodhem pak, sigurisht duke menduar për ty. E di që kjo të pëlqen. Dhe u ndjeva mirë nëpër "ëndërra". Pasdite sërish nuk dola, sepse dua të dal vetëm me ty dhe ti nuk ishe.

Vendosa pra, të të shkruaj si qe dita ime e m'u kujtua që shpesh më thua: "Të dua kështu si je!".

Tani më thuaj, për çfarë mund të më duash?

Po dita jote si ishte?

Më shkruaj!

14.08.2017

SHPESH MË DUHET
TË MENDOJ

*D*he qesha një çast, sepse letra jote mbërriti më parë se e mendoja. Shfletova me duart që më dridheshin.

"Vërtet jam larg. Më thanë se më kishe shkruar dhe gjithçka më shijoi si gjithmonë. Ma treguan, ma lexuan. Nuk e di se kush, nuk e di si, nuk e di se kur. Sepse ndodh kaq shpesh sa, i ngatërroj herët.

Ose, mbase vjen tek unë gjithë çfarë shkruan ti, ashtu nëpër vegime para zgjimit. Si gjithmonë. Sepse ti vetë thua sa herë se ato që i dimë vetëm unë e ti janë më të bukura se çdo gjë.

E vure re? Nuk thashë "sekrete", se nuk të pëlqen ty. Por duhet të të them se heshtja ime nuk vjen ngaqë nuk kam ç'të them, as e asaj pjesës që jam larg e të kam harruar. Përkundrazi, kam mall.

Nuk di ç'të të them më parë, ngaqë vetë më thua se do t'i dëgjosh me zë ato që kam për të thënë. Më vjen të vë buzën në gaz, por nuk dua të lë shenja të tilla në ajër, se treten kot e nuk kam qejf të shkaktoj habi aty ku nuk vlen. Aq më tepër që ndihem e ndrojtur.

Shpesh më duhet të mendoj nëse të gjitha ato që më thua janë, ose jo të vërteta.

- Çfarë për shembull?

- Si çfarë? Po ja, vet më ke thënë se nuk merr vesh nga muzika. Nukështë e vërtetë. Fryma në veshin tim, në përqafime bëhet këngë. Është ajo melodi që më zgjon veten dhe ndihem që jam.

Po, po! Sa herë më hedh dorën në bel kur takohemi e kur ndahemi, ndjej të më prekësh me gishta gjithë vertebrat e kolonës. Një e nga një. Të shkruash një melodi nga ato që di ti të kompozosh sikur i bie pianos. Dhe drithëroj. Sepse aty është burimi i gjithçkaje që ndjej. Sepse ti di ku prek për të bërë muzikë në mua.

Dhe thua nën zë:

"- Kjo kolonë zanore nuk mbaron".

Unë i dëgjoj tingujt... Ti jo?

T'i ndjej duart në shpinë. Më bën të jem një violinçel që shfryn nota dhe fjalë të magjishme. Më mban në gjoks si fizarmonikë dhe ndihem e gjitha një simfoni që nuk mbaron. Tik-tak-ët mbajnë ritmin e mrekullueshëm të prekjeve të tua.

Mendoj se nuk je ai që dukesh kur të prek duart e më thua:

"- Më fal, i kam të ashpra e s'dua të ta lëndoj lëkurën e brishtë!".

Ato janë të buta, të bukura, tek më krehin lëkurën, e bëjnë të mëndafshtë. Duhet të mendoj se ke fuqi të magjishme tek më përqafon e nga malli ndihem gjethe e lehtë që marr rrugët e parajsës edhe kur ndrojtja më bën t'i ngul këmbët në tokë. Dhe hajde ta gjej pastaj çfarë stine është...

E dije edhe këtë?

Duhet të mendoj e të ndihem mirë si më sheh, si më prek, si m'i shpreh dëshirat me sy.

Duhet të mendoj si m'i shëron plagët pa qenë mjek.

Edhe këtë nuk e beson?

Shpesh kërkoj hapësira të kohës tënde dhe ti-mes për të takuar e prekur gjithë çpo të them, ti shoh sa të vërteta janë.

Dhe ndodhin vërtet... Ndodhin!

Besomë!".

E mbyll dhe e palos letrën tënde. Nuk vjen, po unë e ruaj në kujtesë. Dhe nis thur timen.

Atë që kurrë nuk e dërgoj...

25.07.2017

JE LARG

Ⓔ mban mend si të kam thënë?

Qyteti ynë është shumë i madh për të gjetur ty...

Po gjithsesi, kur je në qytet kam shpresë të të shoh mëngjeseve, ose pasditeve të ngrohta të verës, nëpër parqet e blertë ku zëri yt bashkohet e tretet me zërin e zogjve që lozin në gjethet e pemëve.

Po kur ti nuk je në qytet, qytetiti nuk ka më drita...

Qyteti nuk ka më ujë për të freskuar mendimet e brishta që më lidhin me ty.

Qyteti nuk ka më jetë të zhurmshme e pasionante.

Gjethet nuk lëvizin, bien në gjumë letargjik duke pritur ardhjen tënde të bukur.

Zogjtë këndojnë një këngë monotone.

Mua më duket se nuk jam më unë...

Ndaj më duhet te fle shtatë ditë e shtatë netë për të pritur ardhjen tënde. Për të pritur ditën e tetë zgjimin që di të më bësh vetëm ti. Sepse të kam thënë, mrekullia e tetë e botës je ti.

Por gjithsesi, netët e mia kanë shumë zgjime, duke pritur ëndërrën lozonjare që di vetëm ti ta sjellësh.

Me atë kutizën elektronike nën jastëk ku tinguj

të ndryshëm presin të nisen të më zgjojnë e të më lidhin me ty që je larg.

Çdo lidhje ka tingullin e vet. Po unë i njoh tingujt që vijnë nga ty, brof sa herë i ndjej. Po kur mungojnë, e mbush trupin me atë tymin blu, enkas për të marrë një lloj qetësie. E di, përsëri do më këshillosh se s'bëj mirë. Po si t'ia bëj mallit, pritjes?

Ti nuk je në qytet.

Krejt i verbër kërkoj kot rrugëve të shpresës si somnambul.

Sigurisht, gjersa ti të vish, të mbushësh simbolet e shpresës që përkohësisht ka humbur.

25.07.2017

DUHET TË BJERË SHI

Sot është e premte dhe si gjithnjë më bëhet të të uroj fundjavën, pa harruar të them edhe diçka më shumë. Pardje ishte hënë e plot, por ngurrove, ngaqë më duket se ajo tërheq gjithçka që këtej. Dhe në këtë vapë të çmendur e në këtë thatësirë, më duket se ajo nuk e lë shiun të bjerë.

E di? Tetëdhjetë përqind e trupit të njeriut është lagështirë, ujë. Aty janë tretur mendimet, dëshirat që i japin kuptim lëndës së "thatë", bëjnë një të tërë trup e shpirt.

Aty janë dhembjet që dalin me lotë.

Më vjen të thërras: "E dua shiun! Prandaj duhet të bjerë!".

Por në këtë vapë, në këtë zheg nuk mund të kërkoj të takohem me ty. Më duket vetja vyshkur e tharë sa s'ka. Kam aq frikë se mendimet dhe veprimet thatë s'kanë shije.

Ndaj them se duhet të bjerë shi.

- Shi? Po pse duhet? Ti thua se je xheloz kur ato pika më prekin lëkurën...

- Po! Po jo kur je me mua. Të prekin, të lagin e të japin shije, gjersa marrin ngjyrë rozë mbi lëkurën tënde. Duhet të bjerë shi e të rrimë nën të njëjtën çadër, nën të njëjtat strehë, pranë e pranë.

- Shpesh nuk të kuptoj, vërtet nuk të kuptoj.

144

Unë qesh.

Të marr kokën në duar e të shpjegoj se nuk ka puthje të thata.

Të them se nëse sytë nuk kanë lëng, janë bërë mumje, pa jetë.

Të them se janë aq të bukura ato sumbulla djerse mbi mollëzat e faqeve të tua tek i prek, i fshij lehtë duke të parë në sy.

E ti mezi pret, sepse e di se çduhet të bëj.

Më lodhi ky zheg, kjo pritje e gjatë për të folur me ty, për të prekur qenësinë tënde të brishtë e të bukur. Harron sa të pëlqen kur të them "filizi im i njomë"? Prandaj duhet të bjerë shi, besomë!

Të shoh e shijoj si do kopjojnë rrobat format e trupit tënd. Sepse e di që do më zhveshësh e do më thuash duke buzëqeshur:

- Duro pak sa të thahen!

E unë syndritur, në heshtje do të pyes:

- Po ti?

- Edhe unë, njësoj.

Ti e di dhe sigurisht do më vish pranë. Gjersa të thahen edhe rrobet e tua.

Prandaj duhet të bjerë shi.

Kam mall për shiun, për ty...

Ka zjarr shiu ynë. Dhe ti e di, s'ke pse habitesh.

Lutem të bjerë shi!

Lutu të bjerë shi!

Do jemi sërish bashkë, më mirë se kurrë!

14.07.2017

MBAJ MEND QË HERËT

Fëmijërinë me gjunjë të vrarë e të gjakosur nga lojrat në rrugicën e vjetër. Gjunjë që ca vite më vonë do t'i mbuloja nga sytë e tu ziliqarë.

Të kujtoj edhe ty...

Kujtoj gjoksin e skuqur nga "topa luftat", atë gjoks që e mbulova ca vite më vonë nga sytë e tu lakmitarë. Dhe përlotem në buzëqeshje... Kujtoj kur hidhesha në litar dhe ti së largu më shihje e prisje të rritesha.

Kujtoj fytyrën e flokët e mi përcëlluar nga loja cinglash. Atë fytyrë naive që më vonë do binte në duart e tua të forta mes gërshetave të grunjta...

Kujtoj...

Kur nëna ime dhe gjyshja nisën të mos më linin të lozja "me ty".

Të më thonë se qyteti ynë është i ftohtë dhe burrat duan triko, papuçe nga duart e grave.

Të më thonë se fëmijët duan të vishen me rroba nga duart e nënave.

- Po qyteti është i ngrohtë... - thosha unë.

Ato shiheshin në sy e qeshnin paqësisht. Dhe me durim më mësonin lojrat e reja të jetës.

Më mësuan si të mbaj shtizat, gjilpërën. Si të thur e si të qëndis.

Më pak të shihja, por më shumë të ndjeja. Dhe

çuditërisht vizatoja përmasat e gjymtyrëve të tua, krahëve, këmbëve, fytyrën tënde. Dhe ndjeja se të rrinin mirë.

Të kujtohen dorashkat vishnje? Po berreta kafe? Ishin për ty. Qëndisja e thurja në heshtje çarçafë ëndërrash që rriteshin bashkë me mua.

Ta kam thënë?

Ndjeja që zbukuroheshin dita-ditës, u ndrronin ngjyrat dita-ditës në arkëzën që nëna ime e linte hapur vetëm të mbushej me "veprat" e mia.

- Përse nuk i përdorim këto? - i pyeta një ditë djallëzisht.

- Kur të vijë koha... - qeshën të dyja.

Çfarë durimi paskan pasur në thurje ëndërrash të dyja ato!

Dhe nuk e dinin që brenda arkëzës ishe ti, e ardhmja e bukur.

I tregonin punët nënës tënde kur vinte te ne dhe mburreshin me duart e mia.

Dhe nuk e dinin që s'kishin pse. Sepse mbrëmjeve nëpër ëndërra unë duart t'i falja ty.

Përgjakja në gjunjë ishte përtharë.

Fytyra më qe zbardhur. Sytë qenë ndrojtur.

Më merrte malli për ty.

Një ditë mora arkëzën e u vodhëm për të ikur larg.

Dhe për çudi, gjithë çkisha thurur për ty, të rrinte puthitur.

Ëndërrra ime...

KUJTIMET

Nuk e ndaj dot nëse letrat i shkruaj në fillim, në mes apo në fund muaji. E ç'rëndësi ka, gjersa fundmuaji është aq afër fillimmuajit e mesmuajit. Ah, vetëm pak ditë! Nuk e di kur më bie dita të shkruaj, shtatë janë të shkretat e sido që të jetë, letrat janë më shumë se aq.

Por me këtë letër dua të të them se shpesh luaj me kujtimet për t'u çmallur me ty. Por jo rrallë ndodh që të lozin ato me mua dhe të më sjellin në atë gjendjen e trishtë që s'duroj dot e të marr në telefon.

Të kujtohet?

Në fëmijëri merrnim dy kuti shkrepsesh, i lidhnim me një fill peri të tendosur dhe "flisnim në telefon". Eh, aq ishte ai telefon! Bënim sikur dëgjonim e flisnim me zë të lartë të dëgjonim shoshoqin:

"Sa e bukur jeeee!".

"Edhe tiiiiii...".

Më vonë kohët ndryshuan sigurisht. Bënim sikur nuk dëgjonim.

- Shija ime, ti...

- Urdhëro? Alo, nuk dëgjova...

- E mira ime, tiiii!...

- Skam linjë, nuk dëgjohesh. Po gjithsesi të dua.

- Urdhëro? Ah, me sa zë të ulët flet, ose duhet të vizitoj veshët. Çfarë the? Uff!...

Dhe sigurisht secili qeshte ngazëllyer.

Tani më thuaj, a ndodh kjo me ty? I le kujtimet të lozin me ty? Ke kujtime? Ke ëndërrra në sirtar? I flet pasqyrës mëngjeseve?

Përgjigjmu!

Dhe them shpesh se nuk jemi në kohën e duhur, në vendin e duhur. Ndaj nuk ndodh gjithnjë e njëjta gjë, ajo që i themi rastësi. Apo vetëdije? Nuk di ta komentoj çfarë është, veç di të them që kur "lutem" për ty, rastësia nuk është më rastësi.

Mbase nesër do më thërrasin në luftë e do më duhet të shkoj, sepse paqja nuk është e përhershme.

Dhe kur të vij, oh, kur të vij s'di si do të të gjej. Mund të jem me plagë e me gjak, i bërë pis në pluhur e djersë...

Nuk di nëse do më presësh e si do më presesh. Gjithsesi, përsëri do keqardhem më shumë me ty, se me veten. Sepse, ah, sepse aq shumë të dua!

Dhe kujtimet vazhdojnë.

Po, po vazhdojnë. Njësoj si letrat që kurrë s'të vijnë, por që të gjitha di t'i lexosh në sytë e mi, në heshtjen time...

03.07.2017

NJË JETË
TË TËRË ME TY

Nuk e di si të vjen ajo parandjenjë dhe kupton si jam...

Po ja, më nis aq e aq herë poezi. Të tuat apo të tjerëve, nuk ka rëndësi. Të Alda Marinit, Bukowskit apo Alendes... Rëndësi ka që bie gjithnjë në shenjë. Ti di të zgjedhësh.

E di pse? Sepse kupton më së miri ç'bëhet mes nesh. I di përpikmërisht hapësirat, kohët e zgjedhjes së çdo dërgese. I plotëson si duhet, kur dhe ku duhet.

Shpesh ndihem mirë, por shpesh ndihem edhe trishtë. Ashtu si vetë jeta, me të bukurat e me të egrat e saj.

Ta kam thënë?

Kam lindur thuajse në një kohë me atë lëngun e kuq mistik që pi me bucelë balte. Me të vetja më duket i vjetër, i lashtë, po ashtu edhe me ty, ndaj të them zëulët:

- Një jetë të tërë pas teje vij e s'ngopem...

- E di, e di. - më thua dhe qesh e bën sikur keqkuptohesh - Sepse ke etje dhe nuk do ta shohësh nivelin e lëngut çudibërës tek ulet. Dhe porosit prapë... E kujtoj thirrjen tënde: "Kamarjeeer!". Dhe ai që e di ç'duhet të bëjë, vjen me bucelën tjetër. Kursi ti, i panginjuri, tavernë më tavernë fshin buzët e lagura e thua:

"- Sapo vij nga një takim me K'hajamin".

- Më vjen mirë që di e kujton kaq shumë... E kisha së pari për ty.

Dhe kokëulur ndizesh në të kuqen e fytyrës së bukur engjëllore.

Dhe pikërisht atëherë kur duhet, më zgjojnë vargjet që më dërgon ti. Një jetë e tërë për të ardhur e për të hyrë në gjak si serum, për të ndezur atë që kohë pas kohe më fiket brenda vetes. Je ti që e zgjon, je ti që e ndez me elegancën dhe brishtësinë tënde.

Sepse ashtu si m'i hap plagët, ashtu edhe m'i mbyll me vargjet e zgjedhur me kujdes, me fjalët e bukura, me zërin e brishtë ardhur nga diku tjetër, por që unë s'di të them nga.

M'i lag me verë dhe thith mbi to, aty ku gjaku e lëngu çudibërës përzihen e s'dallojnë më ngjyrë.

E kuqja ime ti, pi!

Bëhu njësh me mua!

T'i shkruajmë e t'i lexojmë bashkë ato që duam!

17.06.2017

E DI, BËJ TË NJËJTIN GABIM

Gabon ti, gaboj dhe unë.

Me një ndryshim. Ti nuk gabon dy herë njësoj, kurse unë po. Bëj gjithnjë të njëjtin gabim.

Sa herë ndodh me ty, unë iki larg e s'të dua më si më parë. Pastaj, me kalimin e ditëve të fal gradualisht, gjersa ndjej nevojën të të kem pranë.

Të kam thënë mos u ndruaj nga miklimet e mia, janë të natyrshme e të domosdoshme, që ti të përkundesh në lisharset e bukura që të bëj me aq kujdes. Dhe ndodh që ikën pas tyre e prap gjen një arsye për të ardhur bukur.

E unë sërish bëj të njëjtin gabim, mikloj e them të njëjtën të vërtetë; të dua ashtu siç je! Me hire e naze, me grindjet që s'di si i sajon e i thua siç di ti.

Iki unë e ikën ti dhe përsëri ndihemi të dy në një.

Më flet zëulët për mosdashje, për tradhëti e pabesi, pastaj më prek duart e syndritur, më thua:

- Shyqyr që je ti! Të dua kaq sa je!

Mban mend?

Më tregoje ku ishe...

Në Aleksandri.

Në Kopshtet e varura të Babilonisë.

Pranë Eifelit.

Në piramidat gjigande.

...

Me ndihmën tënde nxitoja të takoja madhorët e historisë, legjendat e bukurisë, mrekullitë. E pas tyre mrekullia e tetë e botës bëheshe ti. Me gëzimet e me trishtimet e tua...

E prap më thoshe:

- Pse rend pas meje? Nuk të tregoj ku jam, që të vish...

Pa ditur ç'të thosha, si fëmijë fajtor kokëulur pëshpërisja:

- Sepse të dua...

Dhe bëj përsëri të njëjtin gabim. Të vij pas, mikloj dhe ulem kudo e të shkruaj letra që mbase s'do t'i dërgoj kurrë.

Por ti... Di të lexosh edhe pa t'i dërguar unë.

Sepse ti je ti...

Ja, përsëri po bëj të njëjtin gabim.

Por s'kam ç'bëj.

Falmë dhe eja ti, ëndërra ime!...

15.06.2017

PRANGAT

Ti e di fare mirë që gjithë ditën flas me ty, po jo gjithë ditën të shkruaj. Dhe kur ulem të shkruaj, dije kam për të thënë diçka.

Përshëndetemi dhe shpesh më duket një konvencion, një ritual që humbet vlerë, nëse nuk thua një gjë më shumë për të zbukuruar ditën.

- Mirmëngjes e ditë të bukur për ty, pranga ime! - të shkrova dhe buzëqesha pak djallëzisht.

E dija që...

- ...

- ...

- Nuk më pëlqen ky emër. Gjithsesi të mbarë e paç edhe ti!

Dhe ecja rrugës duke folur e duke shpjeguar se je një bashkësi prangash të vogla që bëjnë një prangë të madhe dhe më mban lidhur. Po, po lidhur pas vetes.

Sepse t'i ndjej sytë kudo, edhe kur s'jam me ty dhe vetëm aty shoh, nuk mund të kthej kokën...

Veshët më dëgjojnë vetëm fjalët e tua.

T'i ndjej krahët të më përqafojnë dhe nuk ndahem dot prej tyre...

T'i ndjej duart në të miat e më duket se i zgjas vetë të m'i mbash lidhur me të tuat...

Ta ndjej gjoksin në gjoks e nuk shkëputem dot nga ajo simfoni zemrash që lodrojnë...

T'i ndjej hapat e vij pas tyre...

Në çdo shqisë i pranguar nga ty.

E di? Më vjen mirë të mendoj që gjërat me vlerë mbahen të kyçura, ndonëse ti...

Pastaj vë buzën në gaz dhe më kujtohet që diçka lidha me "Sindromën e Stokholmit".

- Vërtet nuk e di? Nuk është aq e thjeshtë të ta shpjegoj plotësisht, nëse ti nuk ndjehesh si unë.

Ti nuk e beson se ka vend edhe në dashuri kjo sindromë? "Sindroma e Stokholmit" ka shumë shekuj që ekziston, nuk është e re, ndonëse emri iu vu vonë, fare vonë...

Ja pra, po të them se është një gjendje psikologjike ku pengu e do pengmarrësin, të sunduarit e duan sunduesin, skllevërit e duan skllavopronarin, i burgosuri e do gardianin... S'di të të them më shumë shembuj, por ndihem i prekur nga kjo sindromë.

- Pse quhet e Stokholmit?

- Mos më merr kohë, shihe në internet pse. Në kohën që më jep dua të të shijoj ty...

Di të të them se të dua ty, ndonëse më bën të vuaj.

I dua netët ku dhimbja për mungesën tënde ma bën shpirtin të bukur, ndjej se kam për çfarë jetoj.

I pres ditët kur do jem me ty, ndonëse ka kohë që ndihem bosh.

Janë gjithë ato hallka zinxhiri që më lidhin me ty dhe unë i farkëtoj një e nga një, i lidh njëra pas tjetrës dhe ashtu siç ndihem i prangosur, ashtu edhe më pëlqen të rri pazgjidhshmërisht me ty.

Ti... Pranga ime, fragment i "Sindromës Stokholm".

Pres të më thuash: "Ç'jam unë për ty, ngjan pak kjo gjendja ime me tënden?".

E di e di. Lexon letrën dhe qesh e qesh. E palos dhe shkon te dritarja të shohësh që jashtë jeta lëviz, kurse ti nis të zgjidhësh detyrën me mend.

E heshtur...

02.06.2017

BALONAT

  E prisja këtë letër prej kushedi sa kohësh. Dhe nuk u habita që erdhi. Si gjithnjë, u lumturova, u trishtova, të ktheva përgjigje në heshtje, qesha, u vrenjta dhe në fund....

E di?

I pashë balonat që kishe ngritur ti. Të gjashta. Në secilën shkruar një nga germat e emrit tim. I njoha. I njoha se ishin të ngarkuara me ëndërra dhe ëndërra të tilla ke vetëm ti. Shikoja fijet e arta që i lidhnin e i mbanin në ajër gjer mbi ballkonin tim. Por nuk arrija t'i kapja e të shkruaja diçka mbi to. Po, po kam shumë për të thënë.

Ah, sikur vetëm fijet të prekja! Të lozja një melodi si me telat e një kitare gjigande. Një melodi që ti e di dhe të pëlqen aq shumë.

Se brenda emrit unë kam një notë muzikore dhe aq mjafton që të më bëhet shpirti këngë.

Për ty...

Ndaj po e shkruaj këtë letër si mirënjohje. E ndjej se të kam një borxh shumë të madh shpirtëror për dashurinë, për përkushtimin tënd.

Por ndjemë...

Pastaj lashë dritaren nga dukeshin balonat dhe hyra në internet. Kërkova e gjeta gjithë vendet ku kemi ecur, ku kemi ndenjur, ku jemi puthur e kemi ndjerë njëri - tjetrin. I shënova me nga një kryq të vogël, të kuq, u bëra një foto dhe ti nisa. Nuk m'u përgjigje. Jo se nuk i njeh, por ke edhe ti arsyet e tua të heshtjes. E di...

Dhe më vjen keq.

Shpesh besoj se është shumë vonë për t'u kthyer, por në fakt shumë gjëra duhet të besohen. Se edhe stinët ndërrojnë... Ja, për shembull, së fundmi, vërtet vonë, por besova dhe u binda se dimër nuk kam më. Dhe... E di?

Hapa dollapin, nxora rrobat e stinës që erdhi dhe futa të stinës që shkoi. Shpalos e nxirr, palos e fut...

Të gënjej, të them që gjithçka shkoi qetë? Jo, nuk mundem, nuk të gënjej dot! I dija të gjitha, kujtoja me detaje ç'kishe veshur në mbrëmjen e parë, të dytë, të...

Ja, ky fustan blu mban akoma aromën tënde. Qëllimisht e lashë si shenjë mes gjithë rrobave, të shpërndante aromë. Sa jetë!...

Ky jeshili është ai që më the: "Të shkon shumë, ngjan si gjimnaziste...".

Ky i bardhi... I kuqi...

E mban mend?

Ah, ky mall që më njom sytë!

Po kam edhe pak fat, ë? Sepse kjo stinë poleni ma fsheh mirë njomjen e syve.

Alergjgji, përgjigjem shpesh kur më pyesin për lotët.

Vërtet ato pambukthet e plepave janë të besdisur, por kanë edhe bukurinë e tyre. Më ngjajnë me fjalët e tua që më tundonin aq shumë hedhur këtu-aty, më ngjajnë me joshjen që më sillnin çukitjet e prekjeve të tua...

Pastaj bliret nisën të çelin dhe ashtu si ti, m'i zbukurojnë mendimet, ëndërrat...

Si është njeriu, çudi! Kërkon gjithnjë atë që i mungon. Po vërtet, se kur e ka, ç'të kërkojë tjetër?

"Një kalaje të marrë, s'ke pse i bie më me topa". - thoshe ti gjithnjë me të qeshur.

Sillmë një tufë lule, mbase i ndërrojmë stinët përsëri...

Të puth fort...

15.05.2017

AI ËSHTË HAJDUT

E shihja të më afrohej ezmeren me sy blu, por as që më shkonte mendja se...

- Mund të ulem disa minuta këtu?

- Patjetër! - i thashë duke parë nga kamarieri, i sigurtë se më ngatërronte me dikë tjetër.

U ul në karrigen përballë, la çantën në karrigen bosh duke më bërë të mendoj se nuk do ishin pak minutat për të cilat kërkoi miratimin tim.

Heshta edhe pak e iu drejtova me një buzëqeshje dashamirëse:

- Jam i bindur se më ngatëroni me dikë...

Ajo buzëqeshi me një lloj sigurie, gjë që më vuri në pozitë të vështirë.

- Jo, jo! Ju njoh. Edhe ju më njihni...

- Në fakt nuk më vjen aq mirë të më drejtoheni me "ju", kur nuk e di kush jam e nuk e di kush jeni. A mund të më thoni?

Heshti një çast dhe i bëri me shenjë "asgjë" ka-marjerit që u afrua të merrte porosinë.

- Po! Unë jam ajo të cilës ti i dërgon letra...

- Unë?

- Po, po ti... Ose më mirë ai nëpërmjet teje.

- Më fal, por unë...

- Jam e sigurtë! Gjithë ç'ke dërguar më ka ardhur,

i kam lexuar. Janë plotësisht për mua, aty jam unë. Më fal, ti nuk ke faj...

Sytë blu tej syzeve elegante picëroheshin herë-herë, sikur sistemonin mendime që goja t'i fliste saktë.

Kishte nxituar, dukej nga shiu që filloi dhe nuk shquaja dot ai curil i tejdukshëm lëngu ishte këtej xhamave apo në anën e syve...

Vura buzën në gaz e nisa të sqaroj se...

- Nuk ka nevojë të justifikosh as veten, as atë... Vetëm dua të them se ai është... hajdut.

Nuk durova dot.

- Mos më di gjë polic?

- Aaa! Jo, nuk bëhet fjalë të denoncoj njeriun që...

- Atëherë?

Psherëtiu thellë si të merrte vrull për një bisedë të gjatë që duhet të niste e të sqaronte nga e para. Tani prisja në ankth të dija ku isha përzier në këtë histori. Se të më përmendte letrat, sigurisht që diku kishte një lidhje.

- Dëgjomë, degjomë!... Nuk e di si, por në një nga ato përqafimet që më vidhte herë pas here, më ra vathi dhe nuk e gjeta më. M'u duk se ma mori peng për gjithë ç'po ndodhte. M'i kishte dhuruar vetë për ditëlindje, i doja aq shumë ata vathë. Pastaj... Një mesnatë erdhi dhe më solli një unazë me gurin rubin të vathit. Shumë e bukur!

- Ti e paske marrë? e pyeta me habi e inat.

- Po! - qeshi e më rrëmbeu një puthje.

- Po vathin tjetër ç'ta bëj? - e pyeta e zemëruar.

- Bëje unazë për mua dhe prangosemi përgjith-një. - qeshi e përsëri më puthi fort, pa mëshirë.

Qeshja me tregimin fëminor të ezmeres me sy blu. Po bëhesha pak serioz që t'i jepja mundësi të më tregonte çdo gjë.

- Pastaj... Më imponoi heshtje. Po, po një heshtje që nuk ishte në natyrën time.

- Më fal, më fal që të ndërpres! Po pse nuk ia thua vetë të gjitha këto?

- Ah! Këtë nisa të të them. Ndjeva të më kishte vjedhur gojën. Pra, më kishte vjedhur fjalët. Ndjeja njomështinë pa fund të puthjeve të tij, po fjalë nuk më dilnin. Besomë, të lutem! Në mëngjes u ngrita dhe si çdo ditë lava fytyrën. Por në pasqyrë... Ah, në pasqyrë pashë se sytë ishin të bardhë. Më kishte vjedhur blunë, blunë që mburresha. E kupton çdo të thotë të mbetesh pa ngjyra? Gjithçka e shihja bardhë e zi. Aq nuk i besoja kësaj, sa shihja peshqirin se mos ngjyra kishte mbetur aty. Më dukej vetja qesharake me ato që mendoja. Po, vërtet. Më dukej se më kishte vjedhur inteligjencën. Nuk e ndjeja më aromën e lëkurës. Kishte vjedhur timen e më kishte lënë të tijën. Mbase, mbase edhe hundën m'u desh ta prekja, të sigurohesha që nuk e kishte vjedhur...

Te lutem mos qesh! Nuk isha më unë. E di pse? Sepse siç më treguan më vonë, më thërrisnin njerëzit në emër dhe unë nuk arrija as të ktheja kokën, se nuk dëgjoja. Më kishte vjedhur veshët. Po humbja... Vërtet po humbja, sepse nuk ndjeja të mendoja siç duhej. S'di si të ta them, më vjen turp... Më dukej të më kishte vjedhur mendjen. Në shtrat nuk ndjeja më trokitje në kraharor. Sinqerisht, u tremba tek mendova se më ka vjedhur zemrën. E kam bindje që e ka bërë...

Vajza uli tonet e nervozizmit. Ajo çiltërsi më kishte rrëmbyer, e dëgjoja gjithë ankth e kënaqësi. Por ndjeva dëshirë ta ngacmoja.

- Këmbët i ke, nuk t'i ka vjedhur. As duart... Vrapo, nxito e përqafoje, sa s'është vonë. Sepse ti je kaq e bukur, ke një blu të veçantë sysh, ke lëkurë kaq të bukur, flet e dëgjon mrekullisht... Ti ke mendje të plotë, ke zemër të madhe që rreh për të. E lumja ti! I lumi ai! Dhe e di? Të gjitha këto i ke falë tij. Të ka dhënë jetë. Të ka zbukuruar. Ngrihu dhe nisu!

Hoqi syzet, i fshiu dhe i futi në çantë. Rregulloi flokët si për të besuar se i kishte në vend, qeshi duke më besuar për çfarë thashë.

- Ti... Nuk do t'i tregosh atij që më ka vjedhur edhe... gjumin?

- Jo, jo... Ik! - i buzëqesha dhe i shkela syrin djallëzisht për t'i thënë se e kuptova.

Më përshëndeti dhe iku si era.

Ezmerja me sy deti...

03.05.2017

TË DYZETAT
E DASHURISË

Dyzet ditë sot që ndërroi jetë dashuria jonë. Aq ditë më duken pa fund pa të, domethënë pa ty.

Ishte e shtunë. Thonë se në situata të tilla e diela sjell fat. Nuk ndodhi asgjë. Një lule trishtoi saksinë në ballkonin tim e një në verandën tënde. Secili nga ne uroi tjetrin mirësisht.

Ishte mirësi e hidhur. Edhe ilaçet të shërojnë ndonëse janë të hidhura. Po nuk kishte më shpresë për shërim. Kishte muaj që lëngonte dhe kishte marrë atë udhë...

Dyzetë ditë. Unë pa ty e ti pa mua.

Dashurisë sonë sipas gojëdhënës, sot i ndahet shpirti nga trupi.

Shpirti i saj me dy gjysmëshpirtra, tëndin dhe timin.

Unë gjysmën e mbetur e bashkoja përsëri me të. Po ti? Ç'bëje me gjysmën tjetër?

Kaq kohë me ty, trupi më qe kthyer në shpirt. Në fakt e kishte tretur në dashuri. Pra, treçerek shpirti dashuria jonë? Nuk e di... Kam qenë dobët në matematikë.

Binte shi atë mbremje. Të qëndroja përballë supelagur.

Preka rrëketë nëpër faqet e tua...

M'u dogjën gishtat.

Ktheve shpinën dhe ike në errësirë. Firmose humbjen e jetës së asaj që për aq kohë i dhamë jetë të dy. Sot shkëmbyem mesazhe në nder të saj. "E paharruar qoftë!".

Dhe ndjeva se aq shpirt sa kishim dhënë për të, e kishim falur te njëri-tjetri.

S'di si mund t'i kërkojmë më.

Qoftë e parajsës!

Ndeza një qiri si në raste përshpirtjesh. Qiriri është dritë, është zjarr, është shpresë. U ndjeva në jetë vetë, ajo dhe ti. Mbi trupin e saj e ndeza dhe pashë hije përreth. Hije që përqafoheshin, që putheshin, që treteshin me njëra-tjetrën.

E ndjeva të pazhdukur ende. E di pse? Se i kam bërë një gropëz në gjoksin tim. Ajo tani është vetëm tek unë. Ti duhet të jesh larg.

Dhe për të dyzetat shpërndahet diçka. Jo nga mumifikimi i saj. Jo! Shpërndava dashuri, puthje të heshtura. Njerëz, bekojeni të jetë e parajsës! Se ashtu donim ne. Mbase takohemi ndonjëherë dhe e pyesim. Në vazhdim do shoh si tretet shpirti i saj e do të tregoj edhe ty.

Çudi! Edhe sot pas dyzetë ditësh ra shi...

20.04.2017

PEDONALJA

𝒯i e di që netëve me hënë të plotë unë kam gjithnjë për të thënë diçka. Ashtu si këtë mbrëmje...

Kalova në pedonale. Ishte aq bukur. Për hir të së vërtetës, jo se më bie rruga andej, por kaloj enkas, se kam kujtime të bukura në atë rrugë. Luaj me imazhin tënd në stolat ku të shihja, ku ngrite dorën për të më përshëndetur e për të më thënë: "- Jam këtu, dashuria ime, jam këtu! Ktheje kokën, shihmë!".

Unë që kisha lëvizur më shpejt nga çmund të të shihja, ktheva kokën me një lloj mallëngjimi. Dhe u ktheva kastile të të shihja, të merrja e të jepja atë lloj emocioni të bukur. Ecja pastaj aq ngadalë të të jepja përshtypjen se ajo rrugë e kalldrëmtë më pengonte të ecja shpejt...

Heshtnim së jashtmi, por brenda qeshnim e gëzonim si fëmijë. Vetë m'i tregove të gjitha në stinët që erdhën më pas.

Sonte, në pedonalen ku gjenim qetësi, luanin muzikë dy djem të rinj. Njëri me kapelë, tjetri me mjekër.

Kishin pamje lirie e shpengimi në shpirt. Nga ato pamje që për hir të mënyrës si mendojmë, shpesh na pengojnë të themi të vërtetat e shpirtit.

Dhe më erdhi mirë. E di pse?

Të kisha treguar që një herë, në fund të pedonales, aty ku pemët e larta mbarojnë, djali me kapelë, vetëm disa hapa para meje, kishte lënë në trotuar çantën e madhe që mbante në sup. Një jevgë e shëndoshë aty më tej shiste fara luledielli dhe gështenja të pjekura. Përtypte e pështynte. Vjeshta ishte në kulmin e ngjyrave të pafundme, po gruaja e prishte romancën me atë shikim armiqësor, të ankthshëm.

Djali me kapelë cilindër të ulët, nxori nga çanta një frak, shpalosi një stol dhe nxori një violinë. Kutinë e violinës e la hapur, sigurisht për ndonjë monedhë nga kushdo që do dëshironte.

- Ik, ik që këtu! Ky vend është imi! - u afrua egër gruaja.

Djali e pa i habitur, por edhe me një farë frike a telashi. Pranë ishte edhe një burrë i vrenjtur që shiste cigare në një kuti kartoni.

Djali muzikant, se kështu nisa ta quaj me vete, u ndje i kërcënuar, por nuk po tërhiqej.

Pas tij, një lypsar me njërën "këmbë të prerë" u ngrit me patericë dhe e trokiti fort në tokë me sy të zgurdulluar. Sikur bënte magji të çahej toka e të përpinte muzikantin.

Urreva veten që po rrija aq indiferent duke pritur çdo bënte djaloshi.

Ai vuri pak buzën në gaz, mblodhi gjithçka që kishte zbrazur nga çanta dhe shkoi pak më tutje.

Po turma fara e cigareshitëse e ndoqi për ta për-
zënë. Këmbëprerit i doli dhe këmba "e prerë" dhe
nxitoi ta fshehë mes reckave.

"- Ky është qyteti ynë! - i pëshpërita muzikantit
- Kaq është fondi i kalimtarëve që kalojnë këtu".

Mbase fjalët e mia iu dukën lëmoshë, por ndjeja
që nuk isha i zoti të bëja më shumë.

Ditë më vonë, e mban mend? Ta tregova ty. He-
shte me vështrim qortues.

- Po nëse do na pengonin edhe ne të bënim da-
shuri te stolat atë muzg, çdo bëje? Do hapje rru-
gë? Do duroje pa m'i prekur duart, supet, se... s'do
donin ata?

U ndjeva ligsht. Prandaj sot u ula përballë muzi-
kantëve dhe tymosja. Shijoja këngë që na pëlqenin
dikur... Ja, nën atë pemën aty qëndroje dikur e ma-
rdhur nga shiu...

- Je larg? - të dëgjova zërin e trembur në telefon.

- Eh, për çfarë duhem tani në këtë kohë?

- Ka vetëtima pa fund, bie shi, jam në mes të
rrugës. Kam frikë. Bubullimat thuajse më bien në
kokë...

- Vërtet?

- Po, vërtet! - ngashëreje e frikësuar.

Pastaj ndjeva krismën e një bubullime dhe brit-
mën tënde të frikësuar. Vura buzën në gaz dhe u
nisa. Nxitoja dhe qeshja me vete. Nuk e di pse më
pelqente ajo lloj delikatese.

M'u hodhe në gjoks sa më pe dhe ngashëreve pa

fund. Ishin lotë që mezi i kishe mbajtur nën pemën ku qenë strukur plot njerëz për të mos u lagur.

Unë qeshja me trembjen tënde. Ngrita duart me gishta të hapur drejt qiellit që po çahej. Vetull-ngrysur më pe me habi.

- Ç'po bën?

- Po bëhem rrufepritës për ty. - qesha ngacmu-eshëm.

M'i tërhoqe duart t'i ulja duke parë nga njerëzit që na shihnin. Ndjeja që dikush buzëqeshte, dikush shihte me inat përkëdhelitë e tua, dikujt i ndrisnin sytë nga ajo shfaqje dashurie.

Eh...

- Tani po ra vetetimë na vret të dyve. - qesha me shpoti

- Të paktën tani jam me ty. Kam siguri, më mbron ti...

Lutesha mos pushonin ato drita që çanin qiellin, ato zhurma që vërtet ishin të llahtarshme nëse nuk dije se çfarë ishin.

Nuk di pse perënditë ziheshin aty lart, por unë me ty rrinim përqafuar në shi.

Qershor ishte fundja, ngrohtë.

Sonte në pedonale, në rrugicat e kalldrëmta, ecja me imazhin tënd në sy. Pasi ikën djemtë që këndonin, fishkëlleva lehtë atë melodinë që na pël-qente të dyve. Në fakt stinët kanë ndërruar edhe për ne.

Më shkëlqyen sytë një çast nga malli, u ngrita

dhe eca. Eca, po nuk më bëhej të ikja. Është bukur
në pedonale, ka diçka të bukur, ka kujtime, ka gjur-
mët e tua...
    Ishte e shtunë në mbrëmje.
    Tani e diel!
08.04.2017

AJO MBETI
E PANJOHUR

Më takoi përsëri. Po, po! Ai djaloshi bjond që më di rrugën dhe kohën e ngacmimit të shpirtit.

- Më falni!... - tha i skuqur.

Buzëqesha për t'i dhënë kurajë, për t'i treguar se nuk e kisha harruar kush qe.

- Faleminderit për gjithë çfarë bëtë për letrën që ju besova. Nuk kishit pse më përmendnit mua. Ju thashë, aty jemi të gjithë.

Aprovoja me kokë.

- Së pari, mos m'u drejto me "ju", sa kohë mendon që gjërat për të cilat bisedojmë janë të njëjtat për gjithë ne. Së dyti, më pëlqen që nëpërmjet teje të flas edhe unë, edhe "ajo" së cilës i drejtohesh ti dhe kushdo tjetër.

Diku përqendroi shikimin në mëdyshje nëse duhet të fliste apo...

Me sa duket vendosi të heshtë dhe më zgjati një zarf.

- Mbase është gabim, por unë guxoj. Lexoje një herë...

Dhe iku. Si një erë pranvere, e freskët e plot aroma të moshës së bukur.

LETËR PËR TY

Në një nga ato faqet sociale e njoha. Postonte pamje të bukura. Ngjanin aq shumë me ëndërrrat e mia. Postonte këngë e melodi të shijes sime, aq sa shpesh më dukej si të ishin në atë që unë shpesh me të qeshur i thosha "konaku im".

Po kush ishte, "ai" apo "ajo" që më tërhiqte aq shumë?

Nuk kishte foto, vetëm pikturën e një peme plot lule të kuqe në formë zemre të madhe nën të cilën ishte një vajzë e një djalë shpinë më shpinë, të mërzitur.

Pata kurajën ta pyes:

- Po kush je ti që më merr mendimet, ëndërrat, postimet?

Heshti. Më vrau ajo heshtje. M'u duk se flisja në një boshësi që linte jehonë. Gjithsesi e shihja që më ndiqte në postimet e mia. Më bënte të ndihesha mirë.

Pas ca ditësh kishte ditëlindjen. Më dërgoi foton e një buqete të bukur me aq lule sa vite mbushja.

"Jam e angazhuar tani, po më vonë do të dërgoj një urim më të plotë. Gëzuar ditëlindjen!".

"E" angazhuar! Kuptova se ishte femër. S'di pse mezi kisha pritur një konstatim të tillë. U ndjeva mirë.

Pasdite vërtet erdhi një mesazh më i plotë urimi që më bëri të vë buzën në gaz e t'i dërgoj edhe unë falënderime të veçanta.

Kjo ishte nisja. Më pas vazhduam të flisnim. Vërtet, si rridhnin minutat me të... Më dukej aq bukur. Flisnim për çdo gjë dhe ndanim mendime të njëjta e të ndryshme, por nuk mërziteshim me njëri - tjetrin.

Kështu nisa ta ndërtoj portretin e saj siç e doja. Te bukur, plot jetë e mirësi, humor e mirëdashje. Por ende nuk i kisha parë asnjë fotografi, nuk i dija as emrin. Mezi prisja pak kohë të isha me të. Dhe kur nuk e gjeja, nuk ndihesha mirë.

Kishin kaluar shumë kohë. Shpesh më dukej se flisja me një paqenësi, me një fantazi apo me një ëndërr që prisja të bëhej reale. Kisha nisur të dashuroja një imazh... E thërrisja gjithë ditën "emrin" e saj.

Por befas nuk erdhi më.

E prita me muaj. Mbase ishte një dallëndyshe që do kthehej.

Shumë më pas, teksa ndjeja që mungesa e saj më bënte të mos ndihesha mirë, më duhej të pranoja që nuk kishte ndërtuar tek unë atë që duhej. E shkrova këtë letër për t'i thënë se:

"Erdhe dhe ike si ëndërr. Tani edhe nëse ke ndërmend të më flasësh, të më tregosh fotografinë tënde, mos e bëj. Sepse, ah, sepse dua të kesh emër të bukur, dua të kesh fytyrë engjëllore. Dhe kam frikë të të shoh, kam frikë të di emrin tënd. Nuk dua të zhgënjehem! Dua të të mbaj mend ashtu si të ndërtova vetë. Uroj me shpirt të jesh mirë dhe të gëzosh çdo njeri që takon. Sepse isha aq mirë për gjithë kohën që fola me ty, me edukatën e mirës-jelljen tënde. Mbase, mbase nuk ekziston, sepse jo të gjitha ëndërrat dalin, por gjithsesi është mirë kur takon njerëz si ti. Falin paqe, mirësi, bekim. Unë do të të quaj "ëndërrra ime" dhe do të kujtoj si dua".

U ndodh të gjithëve?

Nuk e di, të shohim.

E palosa letrën e djaloshit bjond dhe e futa në xhep duke buzëqeshur me vete.

- Po! - mërmërita nën buzë...

15.04.2017

PARKU

Sot pashë dallëndyshen e parë. Nuk e di pse erdhën kaq vonë, por unë i vura emrin tënd.

E di pse? Se më vinte përqark me "çvit-çvit" e saj e më dukej se më bekonte stinën. Dhe u nisa e vajta në parkun e madh ku të putha për herë të parë rrëmbyshëm...

Bleronte ai park, mban mend?

...Ishte verë, mbrëmje. Drurët bënin hije nga dritat përreth. Tentuam të fshiheshim... Ishim bërë fëmijë brenda pak kohë, brenda pak stinësh.

Ndihesha aq mirë atë mbremje... Ti kishe fustan të bardhë plot lule, ose kështu më dukej mua.

Morëm birrë të ftohtë.

- Gëzuar!

Dhe vetëm shiheshim sy më sy e qeshnim pa folur.

Gjithçka ndrinte atë mbremje.

Pastaj...

Pastaj duke dashur të të puth derdha birrën. Sa qeshëm! Kamarjeri nuk dinte ç'të bënte, të vinte të pastronte apo të na linte të shijonim përqafimet në atë qoshk parku? Më vinte të qeshja me gjendjen e tij.

Të fshija gjunjët e lagur dhe doja të derdhja sërish birrë.

Ai fustan i bardhë...
Ajo varse e florinjtë...
Ajo fytyrë engjëllore që rrezatonte mirësi...
Një nusepashke qëndroi mbi xham.
- Kjo jam unë! - the duke gëzuar.
E mora në duar dhe lozja me insektin e paqtë.
Pastaj edhe një xixëllonjë...
Ah, ajo mbrëmje!
Shëtitëm...
Një urë ku ecja e ti s'më ndoqe. Ishte errësirë
pas saj.
- Unë jam këtu, në këtë breg! - thirre.
- Kurse unë këtu! - t'u përgjigja në anën tjetër -
Eja, na lidh kjo urë!
Nxitove e re në krahët e mi.
Kishte shkuar vonë. Kamarjeri priste pagesën.
Si iknin orët me ty! Ktheheshim e këndonim nën
buzë të njëjtën melodi.
E pra, aty isha sot. Pashë e qëndrova në she-
shin e rrumbullakët ku ndenjëm çaste të tëra për-
qafuar...
Vallzonin imazhet.
Ndjeva mall.
Edhe pak trishtim për hir të së vërtetës.
Por gjithsesi ndihem mirë që ishe pjesë, që zbu-
kurove jetën time...
13.04.2017

DJALOSHI BJOND

E pashë që vinte së largu dhe s'di ç'më bëri të mendoj se po vinte tek unë. Ishte djalë i gjatë, i bukur. Qethur pas modës; anët shkurt fare, të gjatë në pjesën tjetër të kokës. Me një lëvizje elegante hidhte baluken për të liruar sytë.

M'u bë se donte të ndizte cigaren dhe kur qe përballë me mua bëra t'i zgjas timen ta ndizte.

Vuri buzën në gaz një çast, rregulloi flokët e verdhë me dorë dhe tundi kokën për "jo".

- Më fal, nuk jam tek ty për këtë. - dhe më tregoi cigaren - Po për këtë!

Dhe nxori nga xhepi një zarf mbi të cilin dukej një fjongo e hollë e kuqe, thua se qe një pliko për dhuratë diku.

- Ju dërgoni letra që në fakt nuk i dërgoni, ndaj i quani edhe "letra të padërguara", por që në një farë mënyre të gjithë i lexojnë. Edhe "ajo"...

Ndjeva që fjala "ajo", ishte veshur me dëshpërim dhe me sy ngulitur në fytyrën e tij, hetova të zbuloj diçka më shumë. Por djali i kishte mbyllur të gjitha në zarfin që dukej si kasafortë.

Rrinte i habitur dhe nuk ngurova ta pyes:

- Kush "ajo"?

Më tregoi zarfin, si për të thënë se "ajo" ishte brenda.

Zgjata dorën ta marr. Zarfi dukej i vjetëruar. Kushedi që kur e kishte bërë gati dhe e mbante në xhep gjersa arriti tek unë.

- E di mirë që duhet ta nisësh? - e pyeta me një lloj ngacmimi - Mbase... situatat kanë ndryshuar.

Buzëqeshi hidhur duke tundur kokën për "jo".

- Vërtet e kam pak të vështirë të të kuptoj... - thashë ndrojtur për të mos ma kuptuar naivitetin që më jepte situata e papritur - Nuk kam as adresë, as...

Ai qeshi me shpirt e m'u duk vetja edhe më naiv. Aq sa u bëra gati t'ia lija zarfin në dorë e të ikja në punën time.

- Po nuk ka nevojë për adresë... Ti postoje, sepse aty jam unë, je ti, është ëndërra e kujtdo, me gjithë lumturinë e zhgënjimet që pësojnë.

E pashë me dyshim nëse vërtet mendonte ashtu, i buzëqesha dhe u përshëndetëm. Letra në zarf lëvizte si zog i mbyllur prej kohësh në kafaz. E hapa. Ulur në një nga stolat e parkut nuk e mposhta dot tundimin ta lexoja.

"Atë mbrëmje erdha me aq dëshirë të të përqafoja, të prisja me padurim çastet e puthjeve që më qetësojnë shpirtin.

Sepse një kafe, një çaj është koha që dhurojmë qetësisht dhe prania e njëri - tjetrit zbukuron çastet e ndenjes së bashku. Sepse ti gjithnjë vjen me një buzëqeshje të çiltër fëmije dhe më bën të lumtur.

Por s'di si kaluan minutat në një rutinë përhumbëse. Dhe qeshja me ironi ndaj vetes, teksa më mbetej të flisja vetëm për zgjedhjet e ardhshme politike, apo për luftën në Siri.

Tentova sa herë të luaja me sy e duar atë "e ka kush e ka" që luajmë shpesh, por u ndjeva vetëm. Në situatën ku po ndodhesha, s'po e kuptoja nëse isha në një grackë që e kishe ngritur ti, apo kishe rënë vetë.

Çdo gllënkë që kapërceja po më dukej e hidhur. Pastaj qetësova veten duke menduar se të dashuruarit gjithnjë grinden.

Hëna kishte bërë goxha rrugë që kur ishim takuar...

Ti ike atë natë në mënyrën më të keqe të mundshme. Vërtet, mbase nuk kisha bërë sa duhej për ty, por bëra aq sa munda dhe isha i sigurt se nuk e meritoja atë vrasje që ndodhi brenda pak çasteve. Sepse të kam thënë sa herë, tingulli që lajmëron mesazhet e tua më jep qetësi, zëri yt në altoporlant më bën të lumtur, më nxjerr nga rutina e një kohe të gjatë që mban ere myk, takimi me ty më jep jetë. Ndaj e dua çdo çast të bukur, e quaj të fituar. Sepse kur të ikim, dua t'i kem bilancet të lumtura.

Ndjehem kaq mirë kur jam me ty dhe aroma jote shpërndahet përreth, zëvendëson mrekullisht aromat e stinës. Sepse ti i jep ngjyrë gjithçkaje përreth. Sa herë pas zënkave të kam thënë që do ishte më mirë të kishim bërë dashuri?

Po dhe ti ke të drejtën tënde, se pas çdo zënke jemi dashur edhe më shumë. Mos i lër momentet e bukura të ikin, sado të shkurtëra të jenë. Mblidhi dhe bëhet një kurorë aq e bukur me hënën e plotë në mes.

Eh, sa herë të kam thënë. Sot është sot, e nesërmja s'dihet si do jetë, prandaj kape çastin e bukur.

Mos bëj llogari, se në dashuri nuk ka matematikë, ka ekuacione me aq të panjohura sa s'ka formulë t'i zgjidhë.

Sa gjëra të kam thënë...

Tani tingullin tënd e dëgjoj më rrallë dhe për hir të së vërtetës nuk ndihem mirë, ndonëse letrën e ikjes e shkrova vetë.

Sinqerisht siç e ndjeva, tek të falënderoja për gjithë çmë dhurove me praninë tënde, me gjithë gëzimet, trishtimet, ankthet e bukura dhe grindjet e panumërta. Sepse të gjitha i shoh si pjesë të jetës. Pa këto ajo do ishte monotone.

Jo vetëm kaq, por të kërkova edhe ndjesë, nëse të kisha mërzitur a shqetësuar ndonjëherë.

Të kujtohet? I uruam fat njëri - tjetrit dhe thamë: "Mjaf, u mbyll, kaq ishte!".

Dhe secili pretendoi se mori rrugën e vet.

Pastaj të thashë:

- Lermë të qetë në heshtjen time, nuk jam më unë...

- Ç'do të thuash?

Heshta. Duhej të të thosha se pas çdo tronditjeje njeriut i duhet të ridimensionojë veten. I duhet qetësia të shohë ku është, për të bërë ato bilancet që t'i kam përmendur sa herë. Çfarë ka humbur...

Ndaj hesht, ndaj nuk jam më unë "ai" që isha me "ty". Pastaj nëse "më ke humbur" apo "të kam humbur" s'ka kurrfarë rëndësie. Thjesht nuk jemi më "ne". Dhe më vjen keq që nuk janë më ato çastet e vogla që ndërtonin çastin e madh".

Kaq?

Po! Kaq ishte letra e djalit që më takoi. M'u duk sikur donte të vazhdonte akoma, por s'kishte ditur ç'të thoshte.

Në çaste të tilla njerëzit duan të flasin shumë. Gjersa fillojnë përsërisin gjërat nga fillimi, mjaft që koha e qëndrimit me partnerin e sapohumbur të zgjasë pak.

E rrotulloja letrën e tij nëpër duar. Më dukej sikur e kishte lexuar diku, sikur ai më kishte kopjuar mua, unë dikë tjetër e kështu me radhë.

Të gjithë kemi shumë gjëra të përbashkëta, aq edhe të veçanta.

Kjo na bën të duhemi më shumë.

03.04.2017

BILANCET

E di që sa të lexosh titullin e kësaj letre do vësh buzën në gaz me pak shpoti e do më thuash në distancë: "bilancet janë profesioni yt, jo imi". Gjithsesi për tjetër gjë dua të të shkruaj.

Për ato bilancet e kohës që shpenzojmë.

Sot është e premte dhe ti e di që unë të premteve "kujtohem" e hedh ca rreshta. Sigurisht për ty...

Por kësaj here nuk di pse m'u duk se gjithë çkishim ndërtuar u rrënua shpejt e shpejt, ndonëse shumë tërmeteve u kishim rezistuar bindshëm.

Sigurisht, ndjej të më shohësh me qortim e më duhet të të them se kjo ndodhi jo vetëm për fajin tënd, por edhe për timin. Po, edhe unë! Mos u ndje vetëm ti fajtore.

Kishim nisur të hiqnim nga një gur herë pas here dhe harruam se më shumë duhej të vinim gurë, se të hiqnim.

Për hir të së vërtetës me t'u zgjuar ndjeva nevojën të shihesha në pasqyrë. Pashë sy të lodhur, por vetja nuk m'u dhimbs. I kreha flokët si për të hequr mërzinë e natës, por ty nuk të fola aty. M'u duk se ndërpreva ritin e përdorur prej shumë kohësh. Vetëm atëherë ndjeva një boshllëk që me sa duket m'u krijua menjëherë. Kisha humbur motivin që ma bënte ditën të bukur...

Kambanat e "mirëmëngjesit" nuk ranë sot. Dhe rrugës nuk flisja më me ty si tërë kohës që kaluam bashkë, por me vete.

"Çfarë kam humbur?".

Tani që shkruaj këtë letër që nuk do ta marrësh kurrë, më duhet të korrigjoj gjithë ç'fola sot, ta kaloj në vetën e parë shumës.

Sepse... Eh, sepse...

Sepse fola për kohën që na përkiste të dyve.

Pra, çfarë kemi humbur?

Kujtoja një fund të trishtë me fjalët:

- Mirë, u mbyll! Tani më duhet të merrem me veten!

Ishin mendime dhe përfundime si zogj të lodhur që më binin mbi supe padashur dhe mbeteshin aty në një lloj vobektësie, pa mundur të ngriheshin përsëri në fluturim.

Kemi humbur atë gëzimin e përditshëm motivues për t'u ndjerë ëmbël, për t'u ndjerë në jetë.

Kemi humbur ndjesinë që të jep afërsia e njeriut që do dhe të do. Atë vlerë që shpesh duhet ta ndjesh që ke e dhuron.

Kanë humbur sinjalet përshëndetëse...

E di? Kemi humbur lidhëzat "të" (ku "të" kam)... dhe "më" (ku "më" humbe). Kemi humbur njëri - tjetrin... Sot që në mëngjes u ndjeva se funksionojmë veç e veç... pra 2 - 1 = 0. Dhe nuk më vjen mirë që tek ajo zero jemi të dy...

Por me sa duket nuk kemi më fuqi të ndrysho-

jmë rrjedhën e kohës. Nuk është më "koha jonë".
Kemi humbur vështrimet elektrizuese që u vakën
dita - ditës gjer mbrëmë, të enjten mbrëma...

Si? Po them të enjten ashtu kot, se mund të
ishte edhe e shtunë. E më vjen sërish të them:
"pse duhet të marr përsipër arsyetimin se çfarë ke
humbur ti?". Mbase nuk ke humbur asgjë dhe sot
ndihesh më qetë...

Unë për vete nuk jam më unë. Hyra që sot në
një kohë monotone, në atë që shpesh e quaje "vet-
mi". Nisi që sot të më mungojë zëri yt, prekjet e
tua, shtrëngimet në gjoks... Ndjeva se nuk mund
të kompozoja më meloditë e shpirtit mësuar prej
kaq kohësh.

Kemi humbur çastet e bukura te ajo kolibe
e vogël që nuk na nxinte të dyve, ndaj rrinim aq
ngjeshur e qeshnim marrëzisht në tretje të ëmbël.

Po ti?

Eh... S'ka gjë, nuk je e detyruar të më tregosh.
Kam humbur rrugën për te ty, për te përshëndetjet
e tua...

Më vjen te qesh kur mendoj se çdo e mirë e ka
një të keqe, çdo e keqe ka një të mirë. Dhe nis men-
doj çfarë kemi fituar. Eh...

Kam fituar një qetësi që nuk më lë të jetoj në
qetësi skllevërish.

Kam fituar gjumin e pagjumë, kam fituar hum-
bjen e ëndërrave...

Kam fituar kohën, që s'ka çmë duhet pa ty.

Kam fituar një humbje të madhe.

Por të gjitha janë pjesë e jetës, ndaj mesazhet që i jepnim njëri-tjetrit kur shtrëngonim duart, ishin të trishta, por ishin njerëzore.

Të falënderova për kohën që ndamë bashkë, për deliret çmendurake që ndjeva, për gëzimet, trishtimet, për çdo gjë që na kishte lidhur...

Ah, kjo "kishte" që më bëhet plagë në kraharor!

Ti nesër me siguri do thuash për mua "ish - dashuria ime". Ashtu do them edhe unë...

Kur shtrëngojmë duart ndjejmë njomje pëllëm-bësh.

Lot nga pëllëmbët?

Një përqafim miqësor dhe... Lamtumirë!

Më dhembi kjo e premte.

Por mund të ishte edhe e diel, e hënë, e shtunë...

Të shoh që largohesh, dashuria ime dhe dorën që më dridhet lehtë e ngre të të përshëndes...

Të përshëndes uljen e trishtë të kokës tënde.

Ja që ndodh...

17.03.2017

KOHË E HUMBUR
PA TY

Të ankthshme, por të bukura janë fëshfëri-mat e letrave nën derë. Sidomos kur vijnë nga ty. Çfarëdo që të jetë shkruar në to, është një mesazh njerëzor.

Duart nuk binden ekzaktësisht dhe ashtu sh-trembër - shtrembër, në padurim grisin zarfin, por me kujdes të mos grisin asnjë cifël letre. Sepse çdo cifël e ardhur nga ty, ka çmim.

Shkarazi lexoj:

Dërgon: Kohë e humbur pa ty.
Merr: Dashuria ime.

Dhe në çast përpij çdo germë, thua se e fotogra-foj me një "click" dhe... kaq ishte.

Nuk di nga ta nis, nga si jam vetë, apo të pyes si je? Pastaj e di që sërish do më lexosh, do heshtësh me ngurimin se ç'duhet të më thuash.

E di që ke dëshirë të tregoj gjithnjë diçka nga e kaluara. Më ke bërë ca dinake. Qesh. Duhet të të marr pak me të mirë. Qesh sërish, thua se të shoh hetimin e syve.

E di pse? E shkuara të çmpin damarët dhe gjaku

nis të lëvizë sërish udhëve të bukura. Prandaj dhe nis nga e shkuara.

Në mbrëmjen e parë që u takuam, të më thoshnin se këtë njeri do ta duash, nuk do ta besoja.

Pse?

Thjesht se s'kishe ndonjë gjë për të dashur. Heshtje sikur doje t'i jepje rëndësi vetes. Por edhe kur flisje, më dukej se zërin e kishe të mbytur, thua vinte nga thellësitë e kohëve të shkuara. Nuk i hidhje sytë qartë diku, thua se kudo shihje mjegull. Një hundë për të mos e pasur zili, dy buzë fare të zakonshme të një mashkulli fare të zakonshëm, mjekra... Eh mjekra e parruar, më ndillte një lloj paniku papastërtie. Gishtërinjve mbaje vazhdimisht një cigare që më dukej se nuk mbaronte kurrë. M'u dhimbse një çast.

Por jo shumë vonë, të gjitha këto më dukeshin të pranueshme dhe aq të natyrshme, sa jo vetëm nuk më bënin më përshtypje, por po të mos qenë, do më dukej se s'ishe më ti.

Pastaj... Eh, pastaj, një "hi" hapi atë dritaren e madhe që të kam thënë dhe hynë të katër stinët njëherësh, duke më marrë frymën në një alergji që kishte vite pa ndodhur. Dhe nuk më besohej se nuk do bëja dot më pa ty.

Ky ishte zgjimi im.

- Vetë më ke thënë se gjithçka më kushtohet mua. Nëse jo, guxo dhe prezantoma!

- Ç'thua? A mund të prezantohet ëndërra?

Ashtu nisi...

Kisha hyrë në një dyqan lulesh dhe ti që prisje jashtë, më more në telefon e më pyete:

- Ku je? Nuk të gjej dot më.

E kuptova ç'doje të thoshe dhe të dhashë atë përqafimin që ma ke përmendur shumë herë, aq të shijoi.

Kurse mua më shijonte ajo rruga me pemë të larta në muzg që hijeshonin sa ty. Se ndihesha e sigurtë pranë teje.

Por tani në muret e dhomës më kanë mbetur gjurmët e dashurisë tënde. Thuajse i kam rënë me laps sipër, që të mos i prishin ditët pa ty.

E mbetur e vetme, atë messhkurti kujtoja fjalët e tua: "Jo vetëm në çastet e bukura të dua, por edhe në çaste të trishta, kur ti ashtu si padashje përmend fundin. Dhe ndjej që pllaquritemi duke "notuar" në cektësirë, ndërkohë kur edhe mund të ecim e të flasim me gjuhën e shpirtit".

Po unë e di, e diiiisa do vonosh.

Heshtja jote zgjat sa një shi vere, mbase edhe ashtu zhurmon. Po nga thellësi e qenies më vjen të kërkoj e jo të lutem në thirrje të lagura, sa edhe qiejt të tronditen:

- Folmëëë!...

Por më ndodh të dëgjoj edhe zërin e ngjirur të shpirtit të më zgjojë e të më përmendë:

- E teprove, e humbe!

E atëherë kambana alarmi shurdhojnë qënien

time të lagur trishtueshëm gjer në palcë, nën ten-
dën e vetmisë që më duket si zhguall që nuk e heq
dot. Pastaj, qetësoj shpirtin e kujtohem që vetëm
kur të mos ketë më letra drejt qiejve pa adresë, ti
s'do jesh më imi. Do më dhembë gjithë qenia duke
parë si tretet honeve të pafundësisë.

E prapë them se shpresa ka shije dhe aromë
mjalti.

Eja dhe folmë!

Sepse sa herë më flet, ti më zgjon. Dhe hyn tek
unë me tërësinë tënde duke prekur gjithçka duhet.
Atëherë ndihem e dorëzuar dhe platitem mbi ty,
lutem të mos lësh gjurmë dhimbjesh në shpirtin
tim.

Prandaj sa herë jam me ty, nisin jetojnë të gji-
tha burimet e dritës e ujit që flenë tek unë. Ndriço-
jnë e rrjedhin në ngjyra të ylberta të gjitha ujvarat
jetësore që më bëjnë të ndihem unë (për ty). Vetëm
ato quaj çaste jete. Prandaj thua se do rroj gjatë,
sepse të pjesëtuara me moshën e pretenduar, më
duken aq pak...

Më mbetet të të kujtoj atë natë të vonë. I re tel-
efonit dhe këndoje:

> *Jam i dehur nga pija*
> *Dhe nga dashuria.*
> *Po eci,*
> *Por këmbët nuk më mbajnë...*

Dëgjoja të qeshurat e tua dhe shpirti më dhimb-
te.

- Ku je? Ku jeee?

Po zëri im oshëtinte në dehjen tënde dhe nuk
njihej më.

Sa kishe pirë!

Erdha dhe u bëra këmba jote, që të ecje.

Mendja jote, që të mendoje.

Goja jote, që të flisje.

E ti nise të vargëzoje pa fund. Ajo dlirësi çelte
jargavanë erëmirë rreth qafës sime. Ishte maj, e
mban mend? Ndihesha fajtore për "mosekzisten-
cën" tënde, për lojërat dhe "kurthet" që vetë, me
ndërgjegje t'i kisha ngritur.

Njësoj si sot...

Por ti duhet të vish, patjetër duhet të vish! Që
tani ndjej shijen e aromën e mjaltit brenda shpre-
sës...

Kjo qe letra jote, letra që më bën të pyes veten:
"Po unë ç'duhet të bëj?".

20.02.2017

NË ÇASTE TRISHTIMI

Ndodh që trishtohemi në keqkuptime dhe atë-
herë unë të them:

- Mjaft! Nuk është kjo që doja të të thosha! Lë-
re...

Dhe ndjej trishtimin tim që vjen e më zhvesh,
më bën lakuriq. Apo kështu më do e kot mundo-
hem të fsheh çdo gjë që s'duhet të shohësh pa
ndjerë? Por nuk mundem, sepse ndihem trans-
parent. Pa mish, pa shpirt. Të ndjej shkaktare dhe
prapë të dua.

Më vjen kaq herë t'iu bie kambanave gjer në
shurdhëri duke thënë pambarimisht: "të dua, kam
mall, të dua, kam mall", në vend të ding - dong të
tyre.

Dhe sërish më duhet të të them se nuk kalojnë
kaq shpejt çastet e trishta sepse:

- Po ku jam unë më parë, siç më thua? Në ëndë-
rra, në vargje, në mesazhe? Ku?

- Tek të gjitha, në miljona copëza të vogla që
mbushin kohën time matur me sekonda!

- Ah, më dhemb vetja kështu e copëtuar, nuk
më pëlqen!

- Je në copëza smeraldesh. Po mblidhesh e tëra
e bëhesh njësh kur vjen tek unë. Je dita jote, siç të
dua!

Të kujtohet?

Më thoshe shpesh kur t'i kapja duart: "Shtsh-sht, jemi miq, vetëm kaq". Dhe ulje kokën e skuqur gënjeshtrave që thoshe pa zemër. Gjer atë çast kur t'i kapa flokët, të afrova te buzët e të putha me aq dëshirë.

- E pe? Miq jemi sërish. Një fije floku e ndan atë miqësi që thua ti, nga ajo dashuri që them unë...

Më pe në sy.

- Dëgjove gjë? - më pyete e trembur.

- Jo. Çfarë?

- Nuk dëgjove mure të shemben?...

Të terhoqa në një përqafim të gjatë.

Kishe të drejtë, nuk kishte më mure...

Kishte gërmadha të shembura vetmie.

Sa herë, sa herë nuk kupton si rri trupi veç e shpirti veç?

Po s'di si të ta shpjegoj... Ata bëhen tok kur jemi bashkë. Në gjithë pjesën tjetër të kohës, shpirti është pas teje, trupi është gur. Ndjeje... Vetëm trupi gjendet më GPS, shpirti jo!

Ashtu si ndjej unë meloditë që ti thur me gishta në qafën time. Po, po! Ato simfoni që ia themi njëri - tjetrit duke pulsuar ndjenjash kur ecim rrugës me gishta kapërthyer si mbi tastjerë pjanoje.

Kështu lindin këngët!

Dhe teksin... Ah, teksin dua ta shkruaj në lëkurën tënde.

E di si?

Të ngrihem fshehura në mësnatën e lakuriqtë kur fle dhe ëndërron parajsën dhe mbi lëkurën e mermertë të lë gjurmë vargjesh që ziejnë tek unë. Atëherë lexoje magjinë që të takon vetëm ty.

E pastaj le ta këndojmë këngën të dy, se është vetëm jona!

Po unë e di si treten trishtimet. Vijmë te njëri - tjetri kokëulur, si hënë e ngrënë. Pastaj ti më prek me gishtërinjtë e hollë e të ëmbël dhe unë aktivizohem si ekran androidi, marr dritë. Marr jetë e ngrohem gjer në "overhard".

Më duhet të bëhem këngëtar, ndonëse të them se s'di të këndoj.

Më duhet të të bëj vargje, kur nuk ndihem poet.

Më duhet të notoj në sytë e tu dhe kridhem pa qenë notar.

Këto janë ditë që përzihen me të tjerat, gjersa ndihemi përsëri ne...

12.02.2017

NDËRRIM STINËSH

Për hir të së vërtetës duhet të them se po vjen stina jote. Jo se ti nuk e di, por më vjen mirë të të ndjej shikimin e ëmbël kur ta kujtoj këtë. Më duket se të ndërron dhe ngjyra e syve.

Do ketë ngjyra kudo, do ketë buisje sythesh, do ketë zhurma më të bukura. Dhe shpresoj që zëri yt të dëgjohet më ndryshe, më bukur.

Eci rrugëve dhe më vjen keq që gushkuqët pas pak kohësh nuk do jenë më mbi degëza hardhish, të cicërojnë me këngën e tyre, në orarin e tyre.

Gushkuqët janë ata zogjtë e vegjël që hedhin në qafë një shall të kuq si yti. Ata zogj aq të vegjël me sy të ndritshëm e të kthjellët në madhësinë e tyre, gjejnë dimrin për të mos lënë vendin bosh në skenën e bardhë...

Dëgjohet gërshëra e krasitësit. Normale... Duhen krasitur të vjetrat e të buisin të rejat.

Po me kujtimet? Si do bëjmë ne me kujtimet?

Unë të kam thënë, nuk i prish dot. Le të rrinë në atë arkëzën e shenjtë të arkivit. I dua. Ohu, sa muaj, stinë e vite do ndërrohen! Por çdo ngjarje, çdo kujtim ka vendin e vet, sidomos me ty.

Por fakti që kemi lindur në të njëjtën kohë, shpesh më thotë se është shenjë që duhet të jemi të dy.

E di, e di çdo thuash. Ka shumë njerëz në këtë botë që ndihen pranë në të njëjtën kohë, por fakti i takimit flet ndryshe. Edhe mund të mos ishim takuar kurrë, por ja që...

- Po ku do më mbash? - pyete për të më vënë në pozitë.

- E kam një vend të bukur vetëm për ty. I vogël është, por ty të nxe, të rrish qetë e ngrohtë.

Sa herë ke një lloj meraku e pyet si jam, unë qesh. Më pëlqen të përkëdhelem me ndonjë kollë që e nxis vetë.

- Kujdes veten! Herën e fundit, t'i pashë ca receta në xhepa, po nuk të pyeta. Nuk më vjen mirë...

- Ahaha! Janë receta ilaçesh për të mposhtur natën e pagjumë që më sjell ti.

- Unë? Vërtet unë bëhem shkak?

Pastaj e kthej në shaka e të them se janë vargje kushtuar asaj që ndjej për ty, shkruar në latinisht, jo çdokush mund t'i lexojë.

E ndjej të qetësohesh me një lloj buzëqeshje që vetëm ti e ke. Afrohesh, largohesh e këto lojëra më bindin se kjo është ajo ndjenja që shpesh shumë vetë e presin e nuk e shijojnë kurrë. E quajnë të çmendur, të verbër, shurdhe, memece... Po përsëri luten ta gjejnë.

Dhe ti përsëri bëhesh koketë, zvarritesh në krahun tim e më ngacmon ëmbëlsisht.

- Sa shumë do ti, sa shumë ndjen! Por të them të vërtetën, shpesh bëhem xheloze. Dhe mendoj kurioze: "Po kur të mos të të dojë më njeri, si do bësh?".

Më vjen të qesh me naivitetin tënd, përgjigjem e ta marr kokën në duar:

- Nëse tani "paguaj" për të ndenjur, atëherë do "paguaj " për të ikur.

- Ku?

- Atje ku shkojnë të gjithë kur mbarojnë misionin.

- Ah... Ti je i çmendur!

Bën të më shtysh dhe më hidhesh në qafë.

Një nxitje më shumë kjo dashuri...

08.02.2017

DUA TË TË THEM

Nuk e di numrin e letrave që s'të kam dërguar, po dhe nuk dua ta di. Dua vetëm të të them se që nga e para, gjer te kjo e tanishmja, është një ditar që të kushtohet vetëm ty. Rikthehem sa herë, i lexoj e të dua edhe më shumë. Sepse je ti.

E di, shpesh zëri im të vjen si nga një botë tjetër dhe përpiqesh ta deshifrosh. Por dije, është ai zë që të ka folur ngaherë.

E mban mend? Kështu të thosha edhe unë dikur. Më dukej se më flisje nga sisteme të tjerë diellorë e rrugë planetare që vinin gjer në veshin tim e ngatërroheshin nëpër orbita. Por më dukej aq i bukur, sepse edhe pa e kuptuar mirë atë gjuhë, ndihesha mirë...

Sa herë të kam pritur e nuk jam mërzitur nga vonesa jote, sepse në çdo herë kam marrë një lajm të mirë që më gëzonte.

Nuk ta kam thënë.

Mbrëmjen e parë u ula në bar e mora një kafe. Kamarjeri erdhi dhe bashkë me porosinë solli edhe një tub letre sa fatura e pagesës. Si punë papirusi. Ma la në tavolinë dhe më shkeli syrin. E hapa i çuditur dhe lexova:

"Ky mesazh është vetëm për ty. Sonte të pret një surprizë e bukur. Shijoje...".

E thirra kamarjerin të mësoja diçka më shumë.

- Nga lokali. - tha i buzëqeshur - Është me përzgjedhje dhe sot shorti të ra ty. Të uroj fat!

Sigurisht që u ndjeva mirë, ndonëse minutat kalonin dhe ti po vonoje. Përveç padurimit për të qenë ëmbëlsisht me ty, bëhesha kurioz nëse do ishte e vërtetë ajo profeci.

- Ku je? - pyete ti.

- Aty ku nisa të të pres, në fillim të rrugës së ëndrrës...

- Akoma? Ti je i çmendur...

- Nuk iki, pa ardhur!...

- E ke vendosur vërtet?

- Po!

- Erdha, erdha... - fole dhe s'të dëgjova më, gjersa të ndjeva hapat pas shpine dhe dorën në sup.

Vera ishte në kulm, por asgjë e jotja nuk dukej e tharë.

- Sa mban mend ti! - më thua shpesh.

Sigurisht, sepse çastet me ty nuk harrohen kollaj. Janë çaste që nuk mbarojnë kurrë, por edhe që kalojnë me shpejtësinë e dritës. Janë ditë që ndrijnë në memorje.

- Sa romantik të kam! - qesh shpesh dhe më hedh duart në qafë.

- Më bën ti. - përgjigjem e të kthej përqafimet. - Nuk ngurroj të t'i them, sepse njeriut që do i thuhen të gjitha. Prandaj nuk pushojmë se foluri me njëri - tjetrin, nuk lodhemi së prekuri...

Dhe ndjej të më duash edhe më shumë.

Shpesh rruga më çon te vendi i asaj mbrëmjeje, po edhe kur nuk më çon, kastile kaloj vet aty.

E di? Kanë çelur trëndafilë rreth e rreth vendit ku putheshim e përqafoheshim. Rrije në prehërin tim dhe më shihje në sy sikur doje të zbuloje diçka.

- E gjete? - ngacmoja hetimin tënd me sy.

- Çfarë?

- Atë që kërkon në sytë e mi...

Qeshje e më përqafoje për të më thënë se nuk po hetoje gjë, veç po më shijoje mua duke më hyrë nga sytë, gjer thellë në shpirt.

Po sa pak më duken vetëm dy duar për t'u përqafuar! Sepse dua të jem centimetër më centimetër mbuluar me përqafimet e tua, sepse dua të të mbuloj centimetër më centimetër me të miat.

- E sa duar doje të kishe apo të kisha?

- Nuk e di, shumë... shumë.

- Ahahaaa! Sa e shpifur një qenie e tillë! Po nuk jemi kot kështu siç jemi.

- Ç'do të thuash?

- Dy janë mjaft, sepse nuk duhet të ngopemi... Duhet të lemë pak mall edhe për radhës tjetër.

- Ke të drejtë, ke të drejtë. - thosha, të mbyllja gojën me timen e të mbysja të qeshurën.

Gjer në një lojë "mërzie" që të bën të luash me mua me afrime e largime.

- Nuk mundem... Kjo jam unë, e padenjë për gjithë këtë që më thua.

- Po unë prandaj të dua kështu siç je. Se ti di të jesh ti. Di të flasësh. Di të qeshësh. Di të përqafosh. Di të duash...

Dhe sa herë më del fytyra jote në sy, e ndjej se në të është ravijëzuar një buzëqeshje natyrale, e përherëshme, plot mirësi e dlirësi. Bëhem i tëri një sy i madh, një vesh i madh, një ndjesi komplekse të të shijoj të tërën.

Mëkate, mëkate...

Sot binte shi. Të ftova dhe dolëm pa çadër, si për të larë mëkatet.

Putheshim në shi, vallëzonim në shi.

Gjithçka e njomë si stina që vjen...

06.02.2017

FRAGMENT

- Çudi, ne duhemi dhe nuk bëjmë dashuri. - e theu heshtjen ai me një lloj trishtimi.

- Si thua ti? Më mirë të bënim dashuri dhe mos duheshim? - e pyeti ajo vetëtimthi, si për të mos e lënë të mendohej gjatë.

Ai u kthye me një buzëqeshje pak ironike, për t'ia bërë të qartë se ishte i ndërgjegjshëm për çfarë ndodhte.

- Po kjo nuk mund të ndodhë. Nuk mund të bësh dashuri pa dashuruar...

Ajo bëri dy hapa drejt tij:

- Ke të drejtë, po ja që nuk di ç'të them më. Kjo jam...

GJYSMA GJUMI
QË TI I DITKE

Mbrëmë e ndava gjumin e natës përgjysmë. Ti e dije këtë. Por në të dy pjesët ishe ti.

Edhe këtë e dije.

Veçse mbete në ëndërrra ashtu e bukur siç je në të vërtetë, me të njëjtën buzëqeshje, me të njëjtin shkëlqim sysh, me të njëjtat miklime që më bën ditën, me të njëjtën aromë që përcjell tek unë të më joshësh. Gjithnjë i mohon kokëulur dhe buzëqesh fshehur. Por mes dy pjesëzave të gjumit të ndarë përgjysmë, ishe ti, realja.

Thonë se dashuria bën marrëzira, sepse nuk sheh, është e verbër, është e shurdhër, është memece. Funksionon me ëndërrra, me aroma me intuitë, me dëshira marramendëse që nuk njohin kufij. Shpesh i lutem zotit të më frenojë nga papërgjegjshmëritë, por ai qesh e kërcënon të më lërë të padashuruar. Qesh unë dhe...

Erdha tek ty e as më ndjeve. Të shihja tek flije dhe të kisha zili që buzëqeshje tek bridhje ëndërrave të bardha, të bukura. Lumturoja që jetoje në atë botë të pavdekshme. Pastaj bëhesha xheloz. Shihja të vrenjteshe. Gëzoja, shihja të ktheheshe në qetësinë tënde.

Pra, isha unë nëpër ëndërra...

Me sy shijoja luginat konvekse e konkave nëpër trupin tënd, si në një arkitekturë të mrekullueshme, rrumbullakosur nga fuqi të mbinatyrshme
që kurrë s'i kam parë, ndaj s'kam si t'i falënderoj.
Por u jam mirënjohës.

E ka prekur njeri Rrugën e Qumështit?

E preka unë... Dy burime që më kujtuan zanafillën. Kishte melodi brenda, një zhurmërim të mrekullueshëm që kozmosi nuk e ka.

Ishte e bardhë, e bukur, e ngrohtë...

Sa njerëzore!

M'i dogji duart dridhshëm.

Psherëtive në ankthe që mund të të prishnin
ëndërrat. Dhe ika... Ika në gjumin tim të gjeja rebusin e asaj që shihje ti. Dielli më zgjoi pa mëshirë
dhe dita kishte furtunë psherëtimash. Më mungoje, më mungoje shumë. Mosqenia jote më dhemb
sa s'thuhet! Ti nuk i di, vërtet nuk i di këto që të
them e të shkruaj.

"I di, i di të gjitha!". - më erdhi përgjigjja nga ty,
pa të ardhur ende letra ime.

- ...

"- I di të gjitha! Të ndjeva tek më zbukuroje
ëndërrrat, më drithëroje me vështrimin e mjegullt
të dëshirave, më turbulloje... Bëmë dashuri. Nuk e
ndjeve? I di... I di, se jam në të njëjtën gjendje si ty.
Të ndjej njësoj, gëzoj njësoj, më dhemb mungesa
jote njësoj si ty e imja. Leri letrat. Mjaft, eja!".

18.01.2017

TË KUJTOHET

*T*ë kujtohet? More në telefon e zëdridhur më the:

- Je për një çaj?

Sigurisht që këto ftesat për pijet e ngrohta në dimër, por edhe për të ftohtat në verë, mezi i pres. Ahahah! Më qeshi gjithë brendia ime e të kërkova koordinatat e vendit dhe kohës.

Ndjeva që heshte një hop.

- Jam akull, më gjej një vend të ngrohtë.

- Në zemrën time! Më të sigurt se kaq, nuk di. - nxitova të të përgjigjem, a thua e prisja çdo kërkoje.

E dija që të pëlqente kur të thosha kështu, por nuk doje ta bëje veten.

- E di, por nuk është koha tani. Fillove ti? Kam ftohtë të them...

E ndjeva padurimin të ngroheshe dhe dëgjova...

- Na gjej një vend me oxhak.

- Oxhak?

- Të lutem!...

Ooo! U ndjeva ngushtë.

- Në rregull, mbylle telefonin tani e më prit.

- Vërtet do mundësh?

- Nuk e di, ja të mendohem.

Në qytetin tonë është ngrohtë edhe në dimër dhe lokalet me oxhak janë të rrallë, për të mos thënë s'ka fare. Qesha me vete dhe m'u kujtua zakoni i mbretërve. Trimit që u kërkonte dorën e së bijës për grua, i jepnin si kusht ca detyra e misione të parealizueshme.

- Nuk thonë kot, me të pyetur gjendet Stambolli. E gjetaaa!

- Kë, Stambollin? - qeshe ti aty larg ku të kishin mbështjellë ngricat.

- Jo, Stambollin, jo! Oxhakun. Po nisu shpejt se u ndez ashtu siç duhet.

- Pse, si duhet? - ngacmove ti.

- Si zemra ime. Prush...

- Ohu... Prap ti me këto?

- Nxito, të pres!

Dhe si gjithnjë kujtoj atë ankthin e pritjes, ato ngatërresa që bëj aq shpesh nga nxitimi kur flas. Dhe vë buzën në gaz, sepse shpesh i ngatërroj fjalët dhe historitë me njëra-tjetrën, i lë gjysmë. Ti e di këtë dhe me një buzëqeshje më ngacmon pa fund, gjersa të kujtohem se kam nisur një bisedë tjetër, pa mbaruar të parën.

E di që shpesh më ndërpret qëllimisht, të ngatërrohem në tangon e saponisur.

E mban mend, dikur nga emocioni hodha sheqerin e kafes në tavllën e duhanit? Qeshe pa fund. Unë i mbetur keq fare, rrija pa ditur ç'të thosha.

Kur u takuam pas shumë vitesh, ishte verë. Shumë nxehtë. Kisha marrë një akullore. Të pashë së largu dhe gati bërtita nga malli. E dije gjithë ç'ndjeja për ty. Pasi u takuam, më pyete gjerë e gjatë për kohën që kishte kaluar. E ndjeva që më pe mua, pastaj akulloren që më qante trishtueshëm në dorën. Isha aq ngushtë! Nuk mund të lëpija akulloren, por edhe të shkëputesha nga ty nuk doja. Shihje curilin e shkrirë të më shkonte gjer në bërryl e flisje e pyesje akoma për gjëra pa rëndësi, me një buzëqeshje të lehtë nderur në fytyrë, mjaft të më shihje në vështirësi e të skuqur. Kur vendosa ta hedh, ti qeshe plot nur e ngacmim dhe the:

- Ika, se më presin. Do takohemi e flasim sërish, mjaft që të kesh akullore në dorë...

Dhe më shkele syrin djallëzisht.

Ktheva kokën pas dhe pashë në kosh akulloren e shtrembëruar...

Po sot ndihem mirë, qetë nga prania jote duke shijuar sa mund gjithë çmë afron qenia që e quaj të krijuar posaçërisht për mua.

- Nuk dua të të mërzis, por...

Dhe gjithnjë gjendet një frazë sa për të mos marrë mësysh takimin, një frazë që ose mua, ose ty do të mërzisë.

Të kam thënë, sa herë të kam thënë: "Shiko gjer tek unë, mos shih pas meje. Sepse jo gjithçka aty është e bukur. Ka ëndërrra të parealizuara, ka ëndërra të realizuara jo mirë, ka hije vende - vende e unë nuk dua që të mërzitesh, të nisësh ato pyetje keqardhëse që nuk kanë fund. Mësohu të shohësh sa të duhet ty".

Pastaj... Më kap ankthi i ikjes tënde dhe përmbysen shumë gjëra, nganjëherë duke folur me duar e me këmbë nga nxitimi, rrëzoj edhe filxhanin e kafes a çajit. Më dhemb ajo pyetja:

- Ikim tani? Ndenjëm shumë.

Sepse s'di ç'të them më. Po përsëri kam një ndjesi të mirë, jam bërë si ato qeniet e eksperimentit të Pavllovit. Tek ndahemi e di që më pret një puthje aq e bukur, edhe më e bukur se puthja kur takohemi.

Por kur ikim në drejtime të ndryshme, më vijnë të dridhura që s'e ndaj dot; janë nga të ftohtit apo ngaqë s'të kam ty pranë.

Pas pak do marr në telefon të të them:

- Është ftohtë, shumë ftohtë. Di ndonjë vend me oxhak? Ta ndezim e të rrimë kundruall gjersa zjarri të fiket. Pastaj ndezim...

Po vishem e po vij!

12.01.2017

E MUND MALLIN
ME KUJTIME

*M*ë ndodh shpesh që t'i hedh vetes atë tisin e kënaqësisë që zbret kur kujton momentet më të bukura. Ato që lënë gjurmë në kujtesë, por me shpresën që të mos mbeten të vetme. Me lutjen dhe bekimin që të tjera të zihen dora - dorës me to e të vijnë më të bardha.

- Do ta marrësh ti makinën? - pyeta duke të parë në sy dhe ula shpejtësinë.

- Nëse nuk ke frikë.... - the me një buzëqeshje që jepte siguri.

- Epo, nëse është për të pasur frikë, le të jemi bashkë kudo.

Qesha, shkela syrin dhe zbrita.

Qëllimisht ta lashë timonin. Sot po ta them këtë. Po, po qëllimisht. Të kisha premtuar se çelësat e parajsës i ke ti. Nëse duhej të shkonim në parajsë, ia ku e kishim edhe mjetin e duhur.

Qeshja me vete tek shihja kënaqësinë tënde në timon.

- Ka kohë që nuk ngas makinë. - the dhe pa pritur të reagoja u ktheve djathtas, në një rrugë fshati që unë e njihja prej herët.

- E provojmë një herë këtej?

S'di nëse të kisha folur për atë kohë dhe për atë zonë, por u ndjeva mirë, sepse çdo pëllëmbë rruge më ishte e njohur. Më qeshte brendia falë teje.

- Ndalo pak të të bëj një dhuratë! - thashë ca i pasigurtë për surprizën.

Zbrite dhe të bëra një foto me hënën si vath... Qeshëm.

- Ooo! Vërtet e veçantë! - më përqafove me modesti.

Por në fakt nxora vërtet një parfum që ty të pëlqente aq shumë dhe u spërkatëm duke luajtur. Sa kemi qeshur!

Po vërtet, ishte aq e hollë hëna atë mbrëmje, thua nuk donte të ndriçonte aq shumë për të mos na prishur ëndërrën.

- Në pjesën e pandriçuar kam fshehur ca gjëra që duhet të t'i them me radhë, kohë pas kohe, sipas përmasës që do marrë në mbrëmjet e ardhshme. - të thashë e shihja si qeshje.

Pastaj zbritëm dhe ecëm rrugëzës së një pylli të vogël, ku do mund të gjenim një guaskë, të mbylleshim brenda si dy qeliza që duan të bashkohen e treten në një të madhe.

Pe dy pëllumba të egër që çukiteshin sqep më sqep dhe qeshe.

- Pa shiko, pa shiko! S'kanë turp, në mes të rrugës bëjnë dashuri...

- Është kaq bukur. Dashuria nuk hyn në veprat e turpshme, dashuria hyn në veprat e artit...

- Na mbushe mendjen!

Më pe ngacmueshëm dhe rende pas e më ftove të të ndjek.

Të tërhoqa, të putha në qafën e brishtë, në atë lëkurë të bardhë e të lëmuar. Pëshpërima të kadifejta në vesh ëmbëlsonin shpirtin tënd, puthjet që më jepje bëheshin galaksi yjesh të panumërt e më ndriçonin... Humbisnim në magjinë që i dhurojmë njëri - tjetrit. Nuk di të them nëse kisha vënë kokën në prehërin tënd apo ti në timin, veç di të them se e përjetoja si një ëndërr të bukur që prej kohësh e prisja të ndodhte.

Aty, në atë ëmbëlsi më vinin fragmente kënge, fjalë të pakrahasueshme për gjendjen ku ishim, për stinën, rimonin në diçka si gusht, si musht, si prush... Dhe tretesha në tinguj, dhe tretesha në ty. Ndihesha në një delir ku kisha shekuj pa qenë.

Sa herë përmendesha nga magjia që më dhuroje, kujtohesha ku isha e nuk doja që ajo natë të mbaronte. Më vijnë së brendshmi fragmente të ëmbla kujtimesh, copëzat e një harte të vjetër thesari që duhen bashkuar për të gjetur e për të ardhur tek ty. E brenda gjithë kësaj marramendjeje kujtimesh, shpesh klikoj pak tek i njëjti parfum për t'u rikthyer tek ty.

Gjithnjë me dëshirën të ta mbush trupin me ato fluturzat e emocioneve e dëshirave, gjersa të të bind të më puthësh ti e para...

09.01.2017

E DUA LIRINË
TËNDE

Për hir të së vërtetës nuk më zinte gjumi nga gjithë erërat e ftohta që frynë mes nesh atë natë, ndaj nisa të çliroj veten duke shkruar. Sigurisht jo duke t'i dërguar ty, sepse shpirtërisht nuk doja të mërziteshe edhe më shumë. Në gjendje të tilla të acarta, shpesh themi më parë ato që s'duhen, se ato që bëjnë erërat të heshtin e temperaturat të ngrohen. Aq më tepër që fjalët e ftohta ngrijnë edhe më shumë e thyhen.

Ndaj edhe...

Prita të flesh e të dërgoj ç'dua. Që të mos zgjohesh me ëndërra të trembura. Se të kam thënë që ëndërrat vijnë nga gjumi dhe të lënë pa gjumë. Se dua të flesh mirë. Më vjen kaq keq për ç'ndjen, për gjithë atë apokalips...

E ndjeva "freskun" që në mëngjes e gjer në mbrëmje u bë dimër.

E ndjeva gjithë ditën teksa nuk shihja pikë të kuqe mbi rrethin lejla "V", vita.

Ma thoshte dielli që m'i digjte mendimet pa lindur ende.

Ma thoshte rruga që më digjte shputat e këmbëve.

Ma thoshte era në gjoks e në fytyrë.

Goja që heshti e sytë që u lagën.

Gishtat shkruanin dridhshëm letrën e radhës. E dija çpo ndodhte. Fatmirësisht e dija dhe fatkeqë-sisht që po ndodhte.

E ndjeve tek çfarë të dërgova?

Perënditë më shihnin në sy e heshtnin.

Një nga ato fate kaloi pranë dhe pa apokalipsin e shpirtit tënd. Por tundi kokën e nuk foli.

Më ra koka në gjoks. Po nuk m'u dhimb vetja para të vërtetave...

Jo, mëshirës në vend të së vërtetës! Aty dhemb! Nuk ke shijuar gjë nga prania ime? Apo ka shumë kundërshti tek ty, ka kompleksitet?

Nuk të bëjnë mirë gjendjet e tilla që nuk arrijnë të marrin ngjyrë. Të të them akoma se të dua? Më duket vetja i tepërt... Fjalët ngrijnë pa dalë ende nga buza...

Po fundja vetë më ke thënë të them të vërtetën.

Më këshillon të fle.

Si të fle, pa ëndërra? Kam frikë se nuk zgjohem më. Por s'ke pse kërkon ndjesë për asgjë çfarë shkë-mbyem. Jo, jo. Fare!

Sepse përqafimet e shtrëngimet i kishe me shpirt. Edhe puthjet ku humbe. Fundja, ç'doja unë më shumë?

Pjesa tjetër ishte këmbëngulja ime.

Heshtja në kthim ishte një "mezi pres të të lë aty ku duhet". Mbase edhe unë në një farë mënyre mezi e prisja të isha vetëm. Siç duket njeriu pas-

212

ka nevojë të mbetet pak vetëm për t'i ripërjetuar gjërat e bukura me tendencën dhe shpresën e një shumfishimi.

Gjithsesi shpresoj të jetë e përkohëshme.

Mos i nxirr mërzitë duke pirë, pi për gaz e për qejf!

Mos i lër fjalët pa thënë, sepse ndihem keq.

Të dua fort! Jam ai që isha... E di pse? Për hir të së vërtetave që të kam shprehur bindshëm.

Mban mend ç'të kam thënë?

Në çdo dashuri të re, dashnorët ndihen të virgjër. Çdo ndërhyrje në kohën kur miklojnë njëri - tjetrin vjen e dhimbshme. Por edhe çdo kundërshti e pasiguri dhemb, lëndon. Kujdesu siç kujdesem!

Shpesh më falënderon. Nuk e di pse. Ato çaste të bukura t'i solla vetë, nuk i kërkove ti.

Mua më takon të të falënderoj për mbrëmjen e bukur. Por merak më ka mbetur pas dimrit që mbërriti aq shpejt.

Ma dhurove për kënaqësinë time dhe prishe tënden.

Bej më të mirën që mendon se duhet bërë. Vetëm kështu do jesh mirë e s'do pendohesh kurrë.

Uroj të jesh mbështjellë mes ëndërrrash të bukura, çarçafbardha. të zgjohesh më e bukur se mbrëmjen që shkoi...

02.08.2016

VDEKJE PA VDEKUR

Shpesh të pyes si je dhe më pyet si jam. Jo vetëm për mirësjellje, por sepse duke u ndjerë të "njëri-tjetrit", gjendja e njërit ndikon edhe te tjetri, gjithnjë me dëshirën e fortë për të qenë mirë e për t'u ndjerë njerëz.

Do të dish si jam?

Vërtet? Sepse shpesh krijoj përshtypjen se e kupton vetë dhe nuk flas.

Po! Jam një gjysmë, me një këmbë, me një dorë, me një sy, me një vesh, gjysmëgojë e gjysmëhundë.

Të të humbasë boshti i simetrisë sigurisht nuk ndihesh mirë.

Me një gjysmëgojë? Po, po! Sepse kam ditë që hesht, hesht kudo që jam. Dhe ajo gjysmëgojë më duhet vetëm të të flas ty kur jam vetëm. Gojë që mbetet e hidhur brenda vetes së vet...

Çfarë them? S'di, por ty të flas gjithë kohës, të them se:

Kam nevojë për ty!

Mos u largo, nëse edhe ti ndihesh kështu!

Kujtoj se kemi kaluar edhe gjendje më të vështira dhe se edhe kjo duhet kaluar pa mbyllur sytë.

Kujtimet e çasteve që kemi kaluar bashkë, ose do mbeten të arta, ose do bëhen plagë që do lënë gjurmë. Të paktën për mua...

Kam bërë një gabim shumë të madh. Jam bërë "ti" kudo, në rrugë, në faqet sociale, në shoqëri... Kudo, kudo!

Ndihem ndryshe. Po, po! Fare ndryshe dhe jo mirë. Eci në rrugë dhe ndjej të më prekin meshkuj ku me bërryl e ku me shpatull. Më buzëqeshin sikur më njohin. Dikush guxon edhe të më shkelë syrin...

Ndihem vërtet nën kontroll. Kështu ndodh edhe me ty?

Mbase nëse isha vërtet ti, do ndihesha ca më mirë në vëmendjen e tyre, por kjo më bën edhe më shumë xheloz.

Në faqet sociale më vijnë aq mesazhe, nga më të ndryshmet, me nivel, pa nivel, agresorë, të paturp, vulgarë, të rinj, të vjetër. Por edhe elitarë. Të gjithë, të gjithë për një qëllim të vetëm. Një turmë çakejsh në sulm të paprincip, të paarsye, sepse bosh, fare bosh i kam kutizat ku duhet të jem, të interpretoj, nuk kam shprehur asgjë, fare - fare asgjë. Nuk komunikoj me askënd dhe përsëri... Ç'është kjo botë që më ndjek, që më kërkon ta prek, ta ndjek pas? Që kërkon të tundojë dhe as nuk mund të dalë nga vetja? Aq sa...

Sinqerisht m'u shpif gjinia ime...

Dhe u mërzita pa masë, gjersa arrita të bëj krahasim me veten.

Pastaj mendova e kujtova kush isha e kush ishe, sa kohë kemi që njihemi e ç'i kemi thënë njëri - tjetrit aq njerëzisht dhe u ndjeva mirë. Sepse askund nuk u ndjeva në turmë...

Nuk pyesja: "E meritoj, më meriton?".

Më mungon jashtë mase, po për arsyen që të thashë, ndihem i vrarë. Më duket sikur sa herë të të them "të dua", do kujtoj atë që ndjeva kur u bëra "ti".

Më duket sikur sa herë të të shkruaj, nuk do më lexosh. Sikur sa herë të të telefonoj do thuash: "ufff, ky" dhe nuk do më përgjigjesh sikur të jem njëri nga turma që të tregova, turma e fantazmave që edhe janë, edhe s'janë.

E ke vënë re që nuk kërkoj të komunikoj në të gjitha mundësitë që ofron teknologjia? Sepse është një telefon e mundësi "private". Por ndihem i përjashtuar që aty ku jemi vetëm ne të dy.

E të shkruaj aty ku të gjeta... Tek e përgjithshmja. Por besomë, jo për t'u vetëflijuar, thjesht që ti të gjesh ku ndihesh më mirë.

Më ka marrë malli sa s'thuhet... Jam gjithë ditën "me ty" e nuk ndihem njeri.

E nëse më tingëllon një mesazh në telefon, më duket kambanë feste e nxitoj të them: "Zot, ajo qoftë! Zemër...".

Mandej trishtimi më ngushton damarët e gjakut gjer në dhimbje. Dikur vetëm një mesazh më hodhi përpjetë: "Ku të kam?".

U ndjeva yti, u ndjeva aq mirë!

Lexoj ato që shkruan ti dhe gjykoj se ose duhet

të jenë të gjithë për gjendjen, ose nuk duhet të jetë asgjë... Ndryshe nuk di ç'të them.

Dilemë naive.

Ku jam unë?

Po ti ku je?

Kush jemi ne që mërzisim dhe gëzojmë njëri - tjetrin?

Kush jemi ne që bëjmë xheloz pa të drejtë njëri - tjetrin?

Kush?

Çfarë kohe po jetojmë?

Kam mall... Kam mall për qeshjen, për sytë që ndrijnë, për duart, për flokët... Për gjithçka. Nuk di kur do mbarojë kjo gjendje.

Do zoti jo vonë!

Të dua shumë!

Lodhem shumë, shumë...

Po më shumë më lodh kjo gjendje vdekjeje pa vdekur!

dhjetor, 2016

DIMËR I FTOHTË

Kujtoj e shkruaj s'di pse. A thua do ta dërgoj ndonjëherë?

- Sivjet do bëjë dimër i ftohtë. - të thashë duke të parë në sy

- Ku e di ti?

- Kur vera është e nxehtë, thonë se ka dimër të ftohtë.

- Edhe?

- Edhe hiç... Duhen marrë masa. Kaq!

E pashë që nuk kuptove gjë dhe të mora në krahë, gjithsesi duke ndjerë një lloj ligështie që të la moskuptimi.

Dhe ja, stinët qenë ndërruar dhe dimri ishte bërë vërtet i ashpër. Përveç akujve që kristalizonin pellgjeve, shpesh më dukej se edhe linjat telefonike ishin kristalizuar dhe nuk përcillnin mirë. Ose zërat ishin të ngjirur vërtet nga gripi i dimrit dhe nuk merreshim vesh se ç'thoshnim.

Por ti e di, ta kam thënë. Zgjohem që në mëngjes me një ndjenjë të mirë në vete që pasdite do takohem me ty e çast pas çasti e orë pas ore ndjej të më ulen vitet e nga bardh e zi, ëndërra të marrë ngjyrë.

E ndjej t'i them vetes ashtu siç të kam thënë ty, përulju çastit më të bukur dhe gëzoje, gjersa të vjen aq pranë. Nis e të përkëdhel me fjalët që aq shumë të pëlqejnë dhe qesh e lumtur.

Ti, që si çdo gjë e çmuar nuk gjendesh lehtë, bëhesh përherë e më shumë pështjellimi im i bukur, ëndërra ime.

Ta mora atë mbrëmje shallin, e rrotullova nëpër duar dhe e nuhata me kënaqësinë e ëmbëlsinë që më jep ti, me buzëqeshje që nuk e hiqja dot nga buza e me sy që më shkëlqenin, e ndjeja dhe e shihja në ekzaltimin tënd.

S'di kur do më besosh, tek të them të mos përdorësh më parfume, sepse asnjëri nuk është më i mirë se aroma e lëkurës tënde.

Kam nevojë për ty, për të ngrohur shpirtin dhe trupin... E në këtë të ftohtë kjo bëhet edhe më e domozdoshme, të prek e të shijoj hiret e tua.

Dhe për këtë të jam lutur të më dorëzosh ato që shpesh i quaj "gjymtyrët" e tua mbrojtëse t'i bëj pranga rreth qafës sime.

Unë do të të dorëzoj "gjymtyrët " e mia pritëse e të marr në to kokën tënde të bukur mes ledhatimesh e puthjesh të pafundme, t'i jap kuptimin e një medaljoni të artë për ta mbajtur në gjoksin tim.

Të merr malli edhe ty, por di të heshtësh, flet vetëm loti yt. Mos ki frikë e turp, se ta kam thënë, loti nuk është dobësi, është gjaku i shpirtit...

Po është dimër. Është ftohtë... Shpesh fjalët ngrijnë në ajër, vijnë copëtuar dhe ka kaq shumë keqkuptime.

Sa shpesh ndodh të mos merremi vesh, të mërzisim njëri - tjetrin dhe pastaj mes heshtjes të kërkojmë paqe...

Po fundja... Nëse nuk do donim njëri - tjetrin, s'kishim pse të përpiqeshim kaq shumë me vajtje - ardhje. Do kishte vetëm ikje, pa ardhje.

Të kisha thënë, sivjet do bënte dimër i ftohtë. Vishu mirë kur të vish!...

03.01.2017

PARUKERIA

*T*ë premten shkova të rregulloja flokët. Nuk di pse më ishte "qepur" mendja për bela, të shkurtoja majat e djegura nga vapa e verës që shkoi dhe nga uji i kripur i detit në plazh.

E pse ta mohoj? Po, po! Edhe se do takohesha me ty të shtunën. Dhe doja të isha e bukur. Se në fakt, nuk doja të mendoje se malli për ty më kishte "katandisur" ashtu.

Më vjen të qesh kur mendoj kështu, besomë. E di pse? Se më kujtohet, sa herë të gjej ndonjë parregullsi, më thua:

- Ma bën malli për ty!

Kështu the edhe kur kishe vrarë dorën, edhe kur ishe me temperaturë, edhe kur...

Nejse. Ti e njeh Almën, atë parukjeren ku shkoj për flokët. Aty shkova edhe të premten.

- Ç'je bërë kështu mi? - më pyeti sa më pa në derë duke më shkelur syrin djallëzisht.

Gratë e tjera kthyen kokën të më shihnin si isha bërë. Besoj se do jem skuqur pak.

Qesha kur pashë të ktheheshin koka të mbështjella me peshqir, me tasa me vrima si kullesë makaronash, thuajse karikatura të atyre që sheh rrugëve aq korrekte. Gjysmat i njihja. U dhashë një përshëndetje duke u buzëqeshur çiltërsisht.

Ndjeva të kishin qenë duke bërë thashethemet e zakonshme të parukerisë, sepse në fillim ra heshtje e më pas nisën batutat e ngacmimet, xhelozitë me një zhurme që parukjeria e mban për klientet.

Për hir të së vërtetës, aty gjithnjë ka gjëra të tilla. Por unë vetëm dëgjoj dhe shoh, buzëqesh dhe nuk përzihem. Jo se jam ndryshe nga ato, por... E kam mendjen te ti.

- Jeni grindur? - më pëshpëriti Alma në vesh.

Ngrita kokën, i pashë fytyrën e bukur dhe buzëqeshjen e çiltër. Mohova qetësisht për t'i vërtetuar të kundërtën. Më pëlqen ajo vajzë. Dhe koha në parukeri më çlodh e më qetëson. Ajo punonte me flokët e mi, gratë bisedonin për burra e për gra. Është kështu, është ashtu, punon këtu, punon aty, dashuron këtë, dashuron atë... Sa qesh kur i dëgjoj!

Besomë tani, erdhi edhe radha jote.

- Imja?

- Po! Ti kalove aty dhe dikush të pa nga xhami.

- Ja, ky që punon në...

- Jo, mi çne, ka ikur që aty. Tani punon në...

- Ai që kaloi? Ka një të dashur te lagjja ime.

U drodha. Alma nuk dinte për kë po flitej.

- Ç'ke? Ja të fshij pak! - dhe më pastroi flokët me furcën e madhe.

M'u duk si shuplakë ajo furçë. Me bisht të syrit shihja kush nga gratë fliste, kush të njihte më mirë se unë e kush dinte të fshehtat e tua. Koha që po rrija aty, po më bëhej makth.

- Ai ka dashur dikur të bijën e... Dhe e la kot se donte një tjetër.

- Dava aventurieri!

Ë? Prisja të mbaronte Alma e të ikja një sekondë e më parë.

- Dhe sa e mban veten! Bravo i qoftë!

- Po, pra po. Po tani sikur edhe i ka rënë një nur. Ndonëse mosha...

- E, mi e!

- Alma bëri krehjen e fundit dhe mbaroi. Nuk durova dot. Tek po ikja u buzëqesha atyre që mbulonin difektet me ngjyra.

- Njerëzit bëhen të bukur kur dashurojnë. - u thashë duke veshur xhupin e vjeshtës.

U pashë reagimin.

- E vërtetë, ashtu qoftë!

- Dhe ti të shtunën më thoshe pse, ë. Askush nuk të njihte më mirë se unë e të gjitha folën më shumë e më me siguri se unë. Po fundja aq ishte, çështje minutash. Pastaj ikën. Do kenë ardhur të tjera, do thuash ti duke qeshur i shkujdesur...

E unë të hidhem në qafë e të përqafoj. Në fakt më ka lënë një lloj makthi, një lloj heshtjeje ajo bisedë.

Po pse nuk vritemi kaq edhe kur vetë përgojojmë të tjerët?

Sa egoist është njeriu!...

20.10.2017

EKUILIBRAT

*T*ë kam thënë, aq herë të kam thënë. Kjo është një botë e çmendur, e vënë në ekuilibër të plotë në çmendurinë e saj. Prandaj edhe rri kështu çmendurisht korrekte.

Dhe ti prap më pyet:

- Po si ka mundësi që?...

- Po, ja që ka! Prandaj ka stinët aq ndryshe. Çelin lule, blerojnë lëndina e, duket se një jetë e re nis kaherë. Pastaj bën nxehtë, si për të mos marrë mësysh atë jetë që lindi. Dhe ka paqe përsëri. Pastaj, pastaj gjithçka ngjyroset e jeta farëzohet në koncentrat. Dhe vjen stina e ftohtë ku gjithçka fle në pritje rizgjimesh të mrekullueshme. Ka ditë? Ka edhe natë... Nuk të duket ekuilibër ky? Po eklipset? Secili nga të tre trupat qiellorë që kemi pranë i zënë rrugën njëri-tjetrit. Mund të jetë edhe çështje xhelozie, ë! Se m'u kujtua. A nuk thua ti që sa më shumë dashuri mes nesh, aq më shumë xhelozi ndihet? A nuk janë në ekuilibër këto? A nuk është bukur?

Më sheh me dyshim me sytë që gjithnjë ndriçojnë dhe qesh mosbesuese.

- Po mirë...

- Ja, prit të të them prap e të bindesh! A nuk ka thatësirë? A nuk ka rreshje? A nuk kompensojnë këto njëra - tjetrën? Po tërmetet? Më thuaj pra, pse ndodhin tërmetet? A nuk mbushin boshllëqet e ndodhur në zemër të tokës. Dhe përsëri ka paqe. Ka gëzim, ka edhe trishtim. Nuk ndodhin këto te ty?

- Ahahaa! Ti më kënaq... - thua e më përqafon.

Pastaj më vjen një dëshirë të të ngacmoj, të të bëj të heshtësh e të mendosh. Sepse dua radhën time të përqafimit.

- Ja, duhet ta kesh vënë re, kur mërzitesh ti, jam unë që të shkruaj i pari. Shkruan ti e para, kur ndihem unë i mërzitur me ty. Dhe kjo sjell ngaherë një paqe të re. Një forcë më të madhe për të dashur njëri - tjetrin.

A nuk është bukur të duash?

A nuk është shëmtuar të urresh?

Po ja që ndodhin... Dhe nuk rrojnë dot pa njëra - tjetrën.

Ti gjithnjë hesht e më dëgjon. Vë buzën në gaz e arsyeton për çthem unë. Nis të bindesh brenda qetësisë tënde. Dhe nuk e kupton se të gjitha këto t'i them të zgjas kohën që rri me ty.

Kthehem në shtëpi me aromën tënde në trup dhe mërmëris gjatë. Shpesh para teje hesht. Por ti di ta lexosh bukur kohën time, vë gjithçka në ekuilibër duke më bërë të ndihem vetja. Sepse je ti dhe vetëm ti që mund te më çmendurosh kështu, t'i japësh jetë kësaj dashurie.

Kështu më thua dhe ti kur më puth në qafë me përkëdheli.

Shkojmë e vijmë pas njëri-tjetrit si planetët rreth të ndritshmit rruzull e prap jemi të dy në atë që unë e quaj ekuilibrin tonë, të botës çmendurake ku jetojmë.

Një çast po u prishën ekuilibrat që na mbajnë, prishet çdo gjë. Nuk ka më dashuri, nuk ka më jetë.

Sepse nuk ka më unë e ti.

Por e ndjej shpesh që marr peshë kur më merr malli për ty. E pasi të shkruaj e më shkruan, vij në peshën time normale, që ti të mos kesh mundësi të qahesh as se jam dobësuar, as se kam marrë peshë të panevojshme.

Tani e ke radhën ti.

Më thuaj, si rron qenia jote mes ekuilibrash?

22.10.2017

TI MË THUA

*M*e sytë ngulur diku, kujtoj ç'më thua ti herë - herë duke mos më parë në sy.

Se duhet të t'i dëgjoj ca fjalë, ca këshilla.

Se nuk duhet të jem aq kapriçioz.

Dhe pse?

Se ti më shkruan duhet të shoh Vjenën. Aty ku arkitektura të bën të heshtësh, se nuk ke ç'fjalë të thuash...

Se ti më shkruan duhet të shoh Parisin. Aty ku Sena gjarpëron në heshtje, aq paqësisht...

Se ti më shkruan duhet te shoh Romën, ku Koloseu hijerëndë flet plot autoritet.

Se ti më thua duhet të shoh Brukselin, për të gjetur atomin gjigand që më pëlqen shumë.

Se ti më thua duhet të shoh Stokholmin, se është kryeqytet mbi kryeqytetet, sepse aureola boreale nuk mund të shihet askund më mirë se aty.

Se ti më thua duhet të shoh Berlinin që u përket vetëm gjermanëve, atyre që bëjnë luftra e fitojnë mbi humbjet.

Se ti më thua duhet të shoh Selanikun në mbrëmjet e mrekullueshme buzë detit.

Se ti më thua duhet të shoh Barcelonën se s'bën, për të kuptuar mrekullitë e atjeshme.

Se duhet të shoh Londrën me veçantinë e saj...

E unë kujtoj se pa ty nuk mund të kënaqesha i vetëm në vendet e bukura ku eksploroja së pari.

E kujton si prekje dëborën e Alpeve? E prekje me delikatesë e gishtat e bardhë humbisnin në të. Se kështu humbasin butësitë brenda butësive.

E kujton kur mblidhje guralecë shumëngjyrësh në bregdet dhe shkruaje emra si një fëmijë i klasës së parë?

I kujton tavernat ku pinim verë për të zgjidhur nyjet që na lidhnin fjalët, për të shkrirë gjokset e ngurtësuar nga vetmia?

Më thuaj, i kujton?

Po të them më dy fjalë!

Jo vetëm e kam parë Vjenën, por e kam dëgjuar qytetin magjik, ku dhe zogjtë këndojnë valset e Shtrausit të madh.

E kam parë Parisin e paqtë ku Eifel krenon, ku francezët mburren se kanë zbuluar shijen më të ëmbël të puthjes.

E kam parë Romën dhe nën këmbë kam ndjerë nxehtësinë e zjarrit të Neronit.

E kam parë Brukselin e kalldrëmtë e kam ndjerë paqe mes ajrit e njerëzve.

E kam parë Stokholmin përmes së brendshmes së syve të tu që ndërrojnë ngyrë e më lë pa folur.

E kam parë Berlinin që ripërtërihet pas mundi-mesh të pafundme dhe sërish mbretëron e bën histori.

E kam parë Selanikun ku dyshemetë skuqen

karafilash që shërojnë shpirtin e pangopur mes-
dhetar.

Edhe Barcelonën e kam parë.

Edhe Londrën e grinjtë e kam parë, kur takova
Ledi Di e përlotur.

Por ta dish, vendi më i bukur që më pelqen të
rri, është ajo dritarja jote e hapur. Aty nis e mbaron
bota ime. Është dora jota që rregullon pulsin tim.

Është gjithçka përballë teje.

Prandaj ndihu mirë!...

23.10.2017

NDIHMOMË

ℰ mbaja letrën tënde në dorë dhe desha të ktheja 1001 përgjigje, për të 1001 pyetjet që më bëje. Për hir të së vërtetës gjendesha në një gjendje ankthi ku çdo germë më dukej pyetje.

Tymosja si i marrë aq sa gjithçka gri u bë bojëqiell, më pas blu e në fund u errësua duke më lënë ulur në kolltuk, të hutuar në gjendjen ku më solli letra jote.

...

Në fakt dua të iki, por më duhet ta pranoj që nuk është aq e lehtë.

A mund të më ndihmosh? Më ke ndihmuar kaq herë e të jam mirënjohëse. Bëje për herë të fundit! Më thuaj si të të heq nga mendja?

Më ke lënë shtatzanë në qindra e mijëra kujtime, në ndjenja, në fjalët që m'i thua e m'i dërgon parreshtur. E di që janë për mua, sepse çdo fjalë merr formën e çdo sekonde që kemi kaluar bashkë. E kështu koha humbet kuptimin konvencional, nuk matet me sekonda e minuta, por me fjalët e tua.

Zot, sa e vështirë qenka kjo gjendje!

Të të them një gjë? Le të mbetet mes nesh, sekret si shumë gjëra të tjera që na përkasin vetëm ne të dyve. Ja!... Thonë se dashuria të bën të bukur. Nuk mund të të gënjej, ndihem e bukur. Po kam frikë të iki nga ty, kam frikë se do ta humb këtë bukuri, sepse e ndjej që të bukur më bën vetëm ti.

Dua të iki... Por nuk po mundem dot. Ndihmo-
më!...

Si mund të iki, kur ndjej se truri më është bërë
një ditar i përgjakur, ku në çdo fletë ka sy që flasin,
duar që prekin, buzë të prushta në pritje plot an-
kth?

Si mund te iki kur në atë labirinth rrudhash
zbuloj të fshehta që vetëm unë i di në lidhje me ty.
Ato të fshehtat e mrekullueshme që më ke dhuruar.

Mos ki frikë, nuk i them me zë, kam frikë se të
marrin nga unë. U ndjekam kaq xheloze. Që do të
thotë se...

Po, po! Përsëri të dua.

Më kujtohet shpesh kur më joshje duke më
kënduar lehtë në vesh:

> *Eja, në prehër të të marr*
> *E të ta heq atë mërzi.*
> *Na pret të gjithëve një gur mbi varr,*
> *Pak dashuri, pak xhelozi...*

Po vërtet, ç'dua më shumë unë?

Nuk e di, nuk e di!... E ndjej sërish se bie në këtë
grackë, por duhet të iki. Duhet të iki!

Ndihmomë, të lutem!...

...

Dhe s'di ç'përgjigje të të jap, ashtu i zhytur në
kolltuk, në errësirën që mbulon gjithçka.

E vendos. Do të të ndihmoj unë! Do të të largoj unë, do të të çoj larg!

Mesazh:

Po vij të të marr e të të largoj unë. Vishu, bëhu gati, mos u vono se nuk jam mirë, nuk e duroj dot më gjatë këtë gjendje!

Përgjigje mesazhit:

Përsëri bashkë?

Mesazh:

Po, do ikim të dy. Bashkë. Në të njëjtën kohë, në të njëjtin vend.

Përgjigje mesazhit:

(Qesh). Mirëardhsh! Kjo ndihma jote e bukur... Të dua edhe më shumë!

07.11.2017

SHQISAT

Dua të të them... Eh, sa dua të të them!

Të të them se para se të njihja ty, shumë gjëra në trupin tim nuk shkonin aq mirë.

- Ç'do të thuash me këtë?

- Po ja, kisha dhimbje në këmbën e djathtë e çaloja, shihja turbull, nuk kisha ndonjë nuhatje ziliqare...

- Edhe?

- Po edhe nuk flisja aq mirë. Pyesja disa herë bashkëbiseduesin se çfarë thodhte... Pra, nuk dëgjoja pastër. Kisha frymëmarrje të rënduar, një lloj aritmie që nuk më linte të qetë. Nuk flija me ëndërra, por përpëlitesha netëve që më dukeshin pafundësisht të gjata.

Më shihje habitshëm e prisje të mbaroja.

- Po, po! Është e vërtetë. Duart nuk më dridheshin, por çdo gjë më binte nga dora.

Ma more kokën në duar dhe më shihje ngultas në sy me atë buzëqeshjen tënde.

- Po tani?

- Tani jetoj. - buzëqesha - Tani flas, edhe këndoj bukur. Tani eci drejt, edhe vrapoj për te ty. Tani kam pak drithmë, po asgjë s'më bie nga dora, as ti kur të ngre peshë në përqafime. Tani dëgjoj edhe kur ti nuk flet. Tani shoh e kuptoj përtej asaj që duket e thua ti. Se thonë që kur dashuron, flasin sytë, duart, flokët, gjithë trupi flet.

Kujtoj se atë mbrëmje i kishe flokët ndry-she.

Gjysmën i kishe bërë gërshet, gjysmën e kishe kapur me dhjetra karfica shumëngjyrëshe.

- E di pse?

- Jo! Nga ta di?

Ti qesh. M'i merr duart në të tuat e më sheh me sytë gjarpërues.

- Sepse... doja të mblidhja mentë që m'i kishe bërë ti lëmsh.

- Po unë t'i shmpleksa, t'i shthura gërshetat, t'i lëshova flokët e lexova mrekullitë e fshehura, gjithçka doja vetë. Lozja dhe qeshja lumturisht. Të thosha "sa e bukur je". Të thosha sa të doja dhe prapë nuk isha i kënaqur me çfarë shprehja. Më dukej pak. Ti lumturoje në qeshje pa fund. Vure të dëgjonim "Peshkatarët e perlave".

- Perla ime ti...

- Ti, peshkatari që do më kapësh mua... - gurgu-lloje me shpirt.

Të kisha thënë se dashuritë e rivirgjërojnë shpi-rtin e s'më besoje. Po ç'mund të më thoshe tani tek-sa flisnim e tregonim gjëra që i dinim prej kohësh e na dukej se i thoshnim për herë të parë?

U largova një çast e kur u ktheva të gjeta tek përshkruaje me zë fytyrën time, ndjesitë e mia... Qesha pa fund me atë çmenduri, e ti që e bëje qël-limisht m'u hodhe në qafë.

Nuk di pse kur puthemi gjatë, shoh sytë të të skuqen, të të rrëmbushen venat plot gjak.

Por shpesh, në kulm të ndjesive të bukura, të lind një lloj proteste që të vjen padashur e thua trishtueshëm:

- Përse ndodh kështu? Pse, pse? Pse hyre kështu në jetën time? Sa qetë isha! Më duhet të të urrej që u ndodhe atëherë kur nuk duhej në atë vend ku nuk duhej. Hyre pa trokitur, pa zë. Por zhurmat e tua për mua qenë këngë. Dhe thua pastaj që çaloje, nuk dëgjoje, nuk shihje, nuk flisje... Ti i kishe të gjitha, më shërove edhe mua nga gjithë dhimbjet që koha më kishte ngarkuar në shpinë. Ta dish ama, të dua pa dashjen time!

- E mira ime, ti! Ti di të flasësh bukur...

- Më mëson ti!

Dhe qesh sa herë kujtoj...

Më bëhet një gjë e bukur në gjoks, diçka që ti nuk mund ta shohësh dot.

11.11.2017

MË VJEN

Ja, më erdhi letra jote! E hap e lexoj me mall si gjithmonë.

Sa mirë ndihem kur të shkruaj ty!

Më vjen të qesh tek të mendoj e krahasoj si Orfeun që shkruan e lexon vargje e thënie. Po për hir të së vërtetës më pelqen.

E di pse? Se në të gjithë rastet ka "koiçidencë" me çastet që jemi bashkë.

Një fjalë, një varg, një thënie, një buzëqeshje, një hap...

Sa janë bërë?

E di që janë shumë, shumë.

Në pasqyrë shoh të më ndrijë fytyra. Më vjen kaq mirë, kaq bukur.

Edhe po të dua nuk mund të ankohem për gjë, edhe kur jam sëmurë nuk më dhemb gjë se të ndjej pranë.

Më vjen...

Dua të bëj dhe unë diçka e nuk mundem.

E di?

Kam një piano të vogël që nga fëminia. Provoj të bëj këngë me ato që shkruan ti. Por ajo piano tingëllon fëminisht në këngë që më kthejnë pas në kohë. E ndonëse më pëlqen ajo kohë, tani që të gjeta ty, nuk dua t'i rikthehem më. Provoj e provoj e nuk mundem.

Pastaj qetësohem dhe më kujtohet ç'më thua ti:

- Zëri yt është këngë për mua...

Dhe prap ndjej detyrimin të jem si ty. E ndjej kur do më vijë letër nga ty...

Jo se jam supersticioze, por nga sytë që të shkëlqejnë kuptoj përjetimet dhe ndjenjat e tua.

- Sot do kemi një letër!? - të thashë një herë duke të shkelur syrin.

E pashë buzëqeshjen tënde, në mbrëmje ndodhi vërtet.

Më vjen të të puth sa herë ndodh, por edhe kur nuk ndodh ekzaktësisht ashtu.

Dëgjoj duartrokitjet e njerëzve që heshtin kur lexon ti. Më vjen vetiu një ndjenjë e bukur ku përzihet krenaria e femrës, xhelozia, ankthi, padurimi...

Më vjen të flas me zë të lartë e të them se ato gurgullima e jehona ujvarash që ti lexon, janë për mua. Po, po! Ashtu dëshiroj, por nuk mundem, se zëri im është i ulët për t'u dëgjuar. Ndaj edhe hesht. S'ka gjë, le ta dimë vetëm unë dhe ti.

Ndjej siguri sa herë të dëgjoj dhe zbukurohem edhe më shumë. Vetëm për ty.

Ndihu mirë, të dua!

Po si të mos ndihem mirë me letrën tënde?

Më pëlqen!

20.11.2017

SHQISAT

... *Dhe* letra jote erdhi. Po ç'rëndësi ka nëse i përgjigjesh times apo e thua nga përjetimet e tua.

Lexoj, mundohem të kujtoj, vrenjtem, qesh...

Më kishe dërguar një "letër të padërguar", nga ato të tuat. "Shqisat" e titulloje. Nuk ka shumë ko-hë, besoj se e mban mend.

Më erdhi mirë si ndihesh që kur je njohur me mua. Shumë mirë!

Për hir të së vërtetës e lexoj shpesh librin që kemi shkruar të dy. Është bërë me shumë faqe... Sa bukur, sa mirë!

Por dua të të them se shpesh nuk jam unë aty e për këtë kam ankth, pasiguri që shpesh do ta përk-theja në xhelozi. Prandaj jemi këtu ku jemi.

Po unë dua të të them se nuk ndihem njësoj me ato "shqisat" e tua. Sepse që kur të kam njohur...

Ah! Nuk fle më e qetë. Duhet të vendos të men-doj për ty, gjersa ëndërrat të më marrin për dore e të më udhëheqin në gjumin e bukur.

Nuk nuhas mirë, sepse më ka mbetur në hundë aroma jote, pa të nuk bëj dot.

Se shpesh buzët kërkojnë puthjet e tua e kur nuk e gjejnë, duket se mbeten inde te vdekura, të pavlera.

Nuk mund ta them lirshëm atë çfarë dua të them. Për të arritur këtë më duhet që para çdo fjalie të them "të dua" e në fund të them "sepse të dua ty".

Ndjej të më dridhen duart...

Ndjej të çaloj gjersa ti të vish.

Besomë, kam aritmi në çdo çast!

Kam një frymëmarrje të çregullt gjer në çastin që e shpreh e them:

- Të dua, kupton? Dua të bëj dashuri me ty!

Dhe trishtohem kaq shumë kur qesh. Më duket vetja fëmijë kur vetpërmbahesh dhe këtë ma thua edhe mua. Më vjen të mos flas më kur më dërgon foto të shëmtuara që të të largoj. Por të dua më shumë nga gjithë e pakuptimta e mjegullt që kërkon të bësh. Sepse e di çfarë ndodh tani që të njoh më mirë.

E di sa fletë ka libri ynë? Për t'i numëruar, nuk mjaftojnë as gjethet e vjeshtave edhe po t'i mblidhnim.

Mbaj mbi vete si breshka zhguallin, folezën ku jemi puthur e prekur, aty ku kemi bërë dashuri në netët e beharëve që shkuan. Ka mbetur aty aroma jote, fjalët e tua që gurgullonin mirësi e dashuri pa fund. Kanë mbetur aty ato fjalët e "turpshme" që në gojën tënde duken aq të veçanta.

- Breshkë? Nuk më pëlqen krahasimi me atë specie. Ti nuk e meriton!

- Po, po! Breshkë. Sepse aty brenda në zhguall unë hesht në përjetime.

Jeta ime ka stopuar që nga koha kur stinët ndë-
rrojnë e unë duhet të kaloj dimrin brenda zhguallit
tim.

E kujton?

Kur dilnim nga foleza, unë bëhesha "Nuse pash-
ke", me fustanin e kuq me pika të zeza. Kështu më
thoshe ti. Sa bukur më dukej! Kurse vetes i thoshe
"zhuzhak". Nga ata me flatra të trasha, jeshile të er-
rët.

- Lidhmë me një pe në qafë dhe komando flutu-
rimin tim. - më thoshe duke qeshur.

- Po vetëm një metër ama! Se më ikën pastaj.

Të hidhja duart në qafë e lozja me ty. Aq ishte,
një hapje krahësh, vetëm një metër.

Për sa kohë të shkruaj ty, më duket se të kam
pranë.

Tani s'di. Pres të më dhembin kockat, stomaku...
Vërtet nuk di ç'të bëj.

Të puth fort së largu!

Kjo letra jote...

24.11.2017

"KUSHTET"

Jo se ti flet shumë, them se më shumë hesht se flet. Por atë pasdite kishe mbërthyer sytë diku dhe m'u duk sikur më shumë flisje me vete, se me mua. Kishte një lodër të vogël në duar. E rrotulloje gjithandej, si diçka magjike zgjedhur kastile të të ndihmonte të gjeje fjalët e duhura.

- E di që shpesh nuk të kuptoj çfarë thua? Duhet të të dëgjoj përsëri e përsëri, disa herë, gjersa të kuptoj enigmat që flet ti. Kjo më ndodh edhe kur më shkruan. Më duket sikur vjen nga planet tjetër, flet gjuhë të pakuptimtë ku edhe emrat, edhe foljet e gjithçka tjetër e vendos gabim gramatikisht. Por ajo që ndjej për ty është përkthyesi më i mirë që mund të gjej. Nuk të gënjej dot, ndjej dhe një lloj xhelozie kur mendoj që gjithë ç'thua nuk është për mua. Por pas përkthimit ndihem mirë. Sepse gjuha që ti flet, merr trajta e ngjyra elegante, më zbuku-rojnë atë që e quaj "brendia ime". Sepse e njoh dhe e kuptoj vetëm unë.

Qesha. M'u desh të të them se gjithçka e mbu-luar, e veshur bukur, ka më shumë hijeshi.

- Vërtet? - pyete me sy të zmadhuar.

- Përveç teje, kuptohet!

Shpotita me buzën në gaz dhe pashë të të binte një i kuq në fytyrën e bukur.

Por ti e di, kudo bëhet dashuri fshehtas. Sepse kjo e bën më të bukur përkushtimin.

- Ndërsa unë... Shpesh ndihem i verbuar nga ty dhe më duhet të të formoj në mendje duke të prekur me duar nisur nga maja e flokut. E pastaj me frymë nis të formoj si një portret me mijëra copëza puzzle. Shpesh vonoj, ngatërrohem me qëllim që të rrish sa më shumë me mua. Gjersa të "ndërtoj" si dua e nis të loz me ty.

Me lodrën magjike, ti vazhdoje të përktheje çfarë thosha unë.

- Shpesh herë pas zënkave, unë prisja të ndryshoje ti, ti prisje të ndryshoja unë.

- Po. Por më shumë nuk ndodhte, sesa ndodhte kjo që thua.

Iknim të mërzitur, por ktheheshim sërish te njëri - tjetri. Gjithnjë secili me një lloj shfajsimi. Dhe secili me një dhuratë të vockël në vend të një "më fal" hipokrit.

- Unë nuk them kurrë më fal. Por nuk e përsëris më atë gabim. - të thashë duke parë reagimin tënd.

- Vërtet? Unë them edhe po gabova përsëri, përsëri them!

- E shikon që është hipokrizi e çastit? Sa çmallesh dhe...

- Ohu, punë egoje... Mos ma thuaj këtë!

Si duket, gjithë ç'ndjenim për njëri - tjetrin ishte më e fortë gjersa falnim edhe në heshtje. Gjersa vendosëm duke qeshur se do vemë ca kushte.

- Unë nuk dua të ta shoh më kurrizin pas "çma-lljes", siç i thua ti.

- Por... E kam domozdoshmëri një frymëmarje.

- Unë nuk dua të më vish pa lule. Dua të m'i sjellësh si dikur. Dhe nuk dua të dëgjoj më të thuash se "një kështjellë e pushtuar nuk qëllohet me topa".

- Tjetër?

- Nuk dua të më vish më me rroba të "grisura", që të të dua më pak. Se më duket që do ikësh një ditë e s'do më lëndosh.

- Tjetër?

- Nuk dua të flasësh me gjuhën e pakuptimtë.

- Po! Tjetër?

- Mos u tall! Më thuaj tani çfarë do ti?

Qeshja me këto lodra. Ta mora fytyrën në duar e të thashë zëulët:

- Unë nuk kam kushte. Të dua kështu si je. Edhe zemërake, edhe e ëmbël, edhe grindavece, edhe e dashur, edhe xheloze, edhe e sigurt. Kam vetëm një kusht, më duaj siç jam, sepse nuk kam ndryshuar që atëherë!

Më kape nga dora kokëulur dhe më tërhoqe në atë rrugën që vetëm ne të dy e dimë...

08.01.2017

RASTËSISHT

Nuk di si u grindëm atë të diel tek të thashë që ishim njohur rastësisht.

- Ou, vërtet? Po ti më ke thënë që jemi njohur që në ngjizje.

- Ashtu kam thënë, është e vërtetë. Por që në ngjizje mund të isha njohur e të ishe njohur edhe me dikë tjetër. Ja që na njohu rasti.

- E di? Ti shpesh flet bukur dhe mua më pëlqen të të dëgjoj e të të besoj. Mirëpo pastaj...

- Dëgjomë, pra! Shumë gjëra janë rastësore në botë e në jetë dhe thellë - thellë po t'i mendosh, i kupton. Kulla Eifel, për shembull mund të ishte ndërtuar në Austri. Rastisi që inxhinieri Eifel ishte parizien. Ashtu sikurse Shtrausët mund të ishin rusë, ose gjermanë. Rastisi që hungarezëve t'u duhej të ndërtonin Budën dhe Pestin në dy anët e një lumi e të kishin një kryeqytet të mrekullu-eshëm...

- Po ç'lidhje ka kjo me ne?

- Po ja, edhe ne të dy rastisëm në një ngjarje të bukur artistike, festival, teatër, prezantim i një ekspozite pikture dhe ja ku jemi!... Mund të më kishte dalë mua ndonjë pengesë atë pasdite. Mund të kishte vonuar autobusi yt dhe s'do ishim takuar kurrë. Pastaj, duhet të kuptosh që rasti nuk vjen përditë. Mund të vinte dhe më parë, mund të vinte edhe më vonë... Mund të mos vinte kurrë.

- Ohu, një shoqja ime thotë që ca gjëra janë të shkruara të ndodhin. E kjo nuk ka të bëjë me rastin.

Unë qesha me gjithë ç'po thoshe dhe mundohesha të të bindja ëmbëlsisht se në rrugët ku ecim mund të ketë lloj - lloj rastësish.

E ndjeja që ajo buzëqeshje të ngacmonte dhe më vinte të të ngacmoja edhe më shumë.

- Rastësisht sikur më vjen të të puth tani...

- U çmende?! Në mes të rrugës?

- Po a nuk jemi rastësisht këtu? Pra, po të them se koordinatat e vendit dhe të kohës, të miat dhe të tuat, mbeten rastësore. Po ja që u ndodhëm në të njëjtën kohë e në të njëjtin vend të dy.

- Po aty kishte edhe plot njerëz të tjerë, pse ndodhi te ne të dy?

- Rastësisht pra...

Por ja që rruga na kishte çuar mbi një urë dhe ti si për të gjetur diçka ku mund të më lije pa përgjigje u ktheve nga unë.

- Po urat rastësisht ndërtohen? Më thuaj!

U mendova një çast. Këto përkëdhelira më pëlqenin dhe s'di çdo bëja të të çelnin edhe shumë pyetje të tilla

- Hmmm... - mërmërita - Jo fare rastësisht. Ndërtohen aty ku ka më shumë nevojë për lëvizje.

- Po dielli rastësisht del? Rastësisht kangurë

ka vetëm në Australi? Po ti rastësisht vjen tek unë, fundja?

- Jo, pra jo. Ne... Rastësisht kemi lindur këta që jemi. Pastaj vetëdija na ka shtruar të ecim ku duam.

U ktheve nga unë me një shikim qesënditës. Të kishte ardhur radha të më ktheje gjithë ç'kishte lozur me ty.

- E pra... Se po më dukej vetja si kaq rastësore në jetën tënde e ti në timen.

E bukura ime, e mençmja ime! Jo më kot të dua kaq shumë. Po përsëri kur mendoj se... rastësisht edhe mund të të mos ishe, lutem e i jam mirënjohës rastësisë që të solli tek unë.

Nëse ke menduar pyetje të tjera rastësisht, m'i thuaj.

Po unë me vetëdije do të të përgjigjem.

16.01.2018

ZGJIMI

Dashurive nuk ua gjen dot arsyen pse ndodhin. As kur ndodhin, as kur shuhen. Prandaj janë çmenduri, papërgjegjshmëri, bukuri, dhimbje.

Dashuritë nuk kanë afat skadence. Nuk dihet sa zgjasin.

Nisin me një "trak" zemre. Mbarojnë njësoj, me një tjetër "trak" zemre. Të gjitha këto ia kishim thënë sa herë njëri - tjetrit.

Zgjohu! Mjaft fjete! Stinët ndërrojnë, duam apo s'duam ne! Derisa kuptova se isha një lodër në duart e tua. Një kukull e brishtë që më përkëdhelje kur doje, më laje, më vishje, më vije në gjumë. Më grimoje si doje ti duke më ndërruar format dhe ngjyrat, por jo shpirtin që ende flinte.

Më zgjoje kur doje, më përkëdhelje, më puthje...

Pastaj ikje, largoheshe. Më lije në ato ëndërrat e bukura që vetëm ti dije ti zgjidhje. Nuk zgjohesha dot. Por të formoja si doja unë, jo si ishe. E trishtë...

Hapja sytë e xhamtë e ndjeja të isha e akullt. Një plasmas i neveritshëm ndjehesha. Dashuri kukullash, natë pagëzimesh që duket se s'mbarojnë kurrë.

U zgjova!

U ndjeva vetëm, një kukull në koshin e kukullave të tjera që kishe zgjedhur të lozje në kohë. Të gjitha të pajeta. Një objekt pa shpirt që jeton qenësinë e vet papërgjegjshmërisht ndjehesha dhe nisi të më dhembë vetja. E kupton? Isha zgjuar. Po vija në jetë.

Dhe klitha sa muret që t'i kishe ndërtuar rreth meje u plasaritën, u çanë.

- Ku je? Ku jeee?

Kumbimi i zërit më dha shpirt e m'u përgjigj:

- Harrojeee! - ma ktheu.

- Po pse? Pseee?

M'u desh të të harroja. Ty dhe ëndërrat. E di pse? Që të mos ndjeje dhimbje ti!

Klitha në britma të ngatërruara se ashtu e ndjeja.

Dhe sot të them përballë se shpirti i një gruaje është një dhomë sferike me magjinë e mosmbushjes kurrë. Sado e vogël të duket. Pranon çdo gjë, që nga gëzimet, deri te dhimbja e thellë. Di të urrejë, di të falë, di të dashurojë pa fund.

Kishe ikur për të mos ardhur më.

Por mbase se duhet të vinte njeri tjetër te unë e të bëhej një ti tjetër. Që edhe unë të jetoja.

Nuk vuaja më gjendjen jo, vuaja kujtimet.

Më kumbonin ende fjalët e tua: "në këtë botë nuk vlen të vuash për asgjë". Dhe ndjehesha e tradhëtuar.

Tani ndjehem të jem vetvetja. Dita edhe kalon rrugëve ku kalimtarët ecin pa e kthyer kokën, gjithësesi... Por natën e kam përballë si një dragua që më djeg shpirtin.

Ku je? Ku jeee?

Ndihem e ndrydhur....

Mos ndoshta ke nevojë për mua? Ma thuaj, hiq-
mi prangat, shembi muret që ke ndërtuar për sytë
e mi, portat e burgjeve që duken transparente, por
që më kanë mbyllur.

Lëviz në ujra të turbullta e uroj të mos jemi ja-
stëk shpëtimi për njëri - tjetrin, por varka, për të
udhëtuar në ujrat e ngrohta të jugut.

Ndihem e lodhur e s'di deri kur do pres kthimin
tënd.

Nuk është rruga që do doja, por është e vetmja.

Jam lënduar pa fund. Pas mureve nuk dëgjoj
zhurmë të vish e të më shpëtosh nga makthet që
më janë bërë guaskë në shpirt.

Ty arriti të të dhembë gjë nga gjithë kjo? Kam
frikë ta di! Më dhimbesh ende. Sepse jam femër
dhe di ta përkëdhel vuajtjen e kujtdo, aq më tepër
tënden. Respektoje brengën time për ty. Eja dhe
folmë, mos u mbyll në vete, shkrimi akujt e shpirtit
që më bënë njeri, nga kukull që isha. Kam mak-
thet e mia, mos më bëj të bukurën që fjeti 100
vite, se nuk vlen. Ngre duart nga qielli e pyes: "Si
m'u ktheve kaq shpejt në dhimbje? Sa kohë kaluan
nga ajo që ishte aq bukur për të qenë e vërtetë?
Kaq shumë fjeta? Zot, më thuaj nëse i meritoj këto
dhimbje dhe të jap fjalën që do hesht!".

E di që tani ti do jesh duke pirë alkool dhe du-
han pa fund, por burgjet nuk i dua. As kukullat jo!

Dhe prapë, ndonëse je larg do të them mos pi! Çfar-
do që të të ketë ndodhur nga kjo ikje. Mos! Sepse
akoma të dua!

Ta dish si më është bërë lëkura... Njolla, lëndimi
e gjurmësh të thella trishtimi pa fund. Por bren-
da, tek unë është ajo dhoma e pafundme që mban
gjithshka, edhe rrëmujat e shpirtit tënd.

Po sikur ta nisim nga fillimi?

Po qesh me marramendje shpresash idiote. Ti je
burrë! Ik e mos u kthe më! Kthimet janë edhe më të
dhimbshme.

Mëngjes...

Është ajo drita që të hap sytë e të zgjon! Jam
zgjuar. Shtriqem në vetminë time, me kujtimet që
më ke lënë në dhomëzën e bukur të vetes, e kujtoj
kur të thosha lumturisht:

"Hyr, është jotja!".

Jam mirë. Ndihem vetvetja.

Ashtu dua të jesh edhe ti. Kudo qofsh!
08.02.2018

SE KËSHTU
TË MENDOVA SOT

Sot gjithë ditën ra shi. Dhe si gjithnjë, kur kupola e qiellit mbi kokë është e zymtë, ka zymtësi edhe në shpirt. Kështu u ndjeva unë gjithë ditën. Me një lloj hutimi të pa justifikuar. Sepse sot, ndonëse i prisja, nuk më erdhën ato këshillat e tua të përkushtuara:

"- Është shi, mos harro të marrësh çadrën!

- Vishu mirë e kujdesu për vehten!".

Mbase ka kaluar shumë kohë që nga shiu i fundit dhe ca gjëra kanë ndryshuar.

E di?

Unë e përjetova njësoj. Mendova si ke dalë nga shtëpia me një "ufff" mërzie, me një lloj dembelizmi për të lëvizur në qytet, për të bërë punën e përditshme. Je kujdesur para pasqyrës për konfortin. Ke zgjedhur shallin, kapuçin e bukur që lë jashtë një cep balukeje, ke veshur xhupin ngjyrëuthulle që mua më pëlqente aq shumë. Dhe je nisur.

Edhe në punë, herë - herë ke shkuar te dritarja të kontrolloje qiellin nëse do të flasë me fjalë blu. Ke fshirë xhamin nga avulli e duke ndjekur atë zymtësi, ke trokitur me padurim stilolapsin mbi tavolinë, për të bërë sadopak zhurmë në atë qetësi të trishtë. Pastaj je kujtuar, ke kontrolluar edhe praninë time. Dhe kur më ke parë të heshtur, ke shkruar ca vargje:

> *Kur vjen, më bën xheloze,*
> *Kur s'vjen, më bën merak.*
> *Bëmë pak vend në jetën tënde*
> *Të vij, të rri te ty, aty lart...*

- Këtu lart është plot re, plot lot. Ç'të duhet?

- E kisha për hënën... - do shmangesh qëllimisht.

Pastaj ke vënë rregull në tavolinën e punës, je veshur me kujdes dhe ke zbritur te makina me shpresën se do gjesh një shenjë timen te doreza e derës, apo mbi xham një fletë "gjobe" ku shkruhet: "të dua".

Trishtushëm ke përplasur derën pas vetes, ke vënë ripin duke parë sediljen tjetër bosh e me një psherëtimë ke dëgjuar Celin Dion, Adele apo "Notre dame de Paris", që të pëlqejnë aq shumë. Për të gëlltitur në një farë mënyre atë trishtim që sillte shiu, retë që errësonin qiellin dhe heshtja që shëtiste sa nga trotuari, në rrugë.

E di?

Mendova një çast se pasi shkrove në gjithë xhamat me avull, "mall", "mall", "mall", u skuqe e nxitove të ndezësh ventilatorin t'i thash përsëri.

Pastaj...

Pastaj ke menduar ndonjë porosi dhe i ke rënë anëve ku mund edhe të shiheshim rastësisht. Derisa shpresat humbën e vazhdove udhën tënde.

E di pse mendova kështu?

Sepse... Për hir të së vërtetës kështu bëra edhe unë. Deri aty ku shikoj praninë, ose mungesën tënde dhe me veten ndihem unë, vetvetja.

Më vjen të qesh, sepse edhe mund të mos jetë kështu, por ja që mua më pëlqen të jetë.

Shpresoj që nesër të kemi mot të mirë e të takohemi.

Të më thuash edhe si qe e vërteta e ditës tënde.

17.01.2018

PRANDAJ JE I BUKUR

Ai më gjeti përsëri në parkun e madh, si dikur. Ndonëse ishte bërë edhe më i bukur, e njoha. I buzëqesha kur po më afrohej. Edhe ai, me atë elegancën e tij.

- Të lutem, jepja! - më tha e më zgjati një zarf.

E pashë me dyshimin e përherëshëm.

Pohoi me kokë.

- Rri, flasim pak. Me siguri ke dhimbje, sepse dhimbjet të sjellin situata që...

- Faleminderit! Kam udhë të gjatë për të bërë. Kam shkuar larg. Gjithësesi...

U përshëndetëm. Iku shpejt. Një buzëqeshje dhimbjeje i ishte vizatuar në fytyrë. Pa adresë nisjeje, pa adresë mbërritjeje ajo letër. E lexova ashtu në këmbë.

"Të kisha thënë dhe e kishe pranuar që dashuria të bën të bukur. Sepse është bukur të duash. Unë ndihesha ashtu, por ndjeja qe ti heshtje dhe më dukej sikur nuk e ndjeje një gjë të tillë. Kisha shumë kohë që nuk merrja më letra nga ty dhe vetja më dukej shëmtuar.

"Nuk mundem më! Të dua në një mënyrë tjetër, kuptomë... Nuk ndihem e bukur siç thua ti. Sonte është hëna e madhe. Po vjen... Nuk e lidh dot me ne!".

Këto ishin fjalët e fundit që shkëmbyem. Dhe sa herë i kujtoja, djersët më vishnin me një lloj dhimbjeje. E di? Edhe kur shkëmbehesha me fqinjat e mia, më dukej se më hetonin me sy. Më dukej se duhet t'u tregoja gjithçka. Më dukej se ato më flisnin me zërin tënd, më shihnin me sytë e tu. Dhe kishin një përshëndetje të veçantë.

Ti e njeh atë shokun tim. I tregova ç'kishte ndodhur me ne. Më pa me sy të ndritur, me fytyrë optimiste.

- Di një ilaç që të shpëton nga ky tym. - buzëqeshi e më shkeli syrin.

- Jo, jo. Nuk përdor medikamente...

- Je ende i ri, duhet të mësosh t'i kapërcesh situata të tilla. Jo gjithnjë duam njerëz që të na duan, jo gjithnjë na dashurojnë. Për faj të askujt. Por duhet të dimë t'i kalojmë. Eja, do shkojmë të pimë! Është fundjavë. Argëtimi të qetëson. Eja...

Dhe pimë atë natë. Pimë vërtet shumë. Ndihesha më qetë. Pastaj... Duhet të ta them. Pastaj shkuam në bulevardin e dritave të kuqe. Lloj-lloj vajzash dukeshin aty. Në fakt nuk isha më unë. Herë më dukeshin engjëj, herë hiena që donin shpirtin tim.

- Ku erdhëm kështu? - e kapa shokun nga mënga.

- Nuk ke qenë ndonjëherë? Mësohu! Është vendi ku harron hallet...

- Ah... Po të harroj, do më dhembi më shumë. Lerme të iki. Nuk ndihem....

- Eja! Do ndihesh ndryshe...

Nuk e di pse nxitoja në çdo mendim, në çdo veprim. Më dukej sikur koha po tkurrej kaq shumë e duhej të plakesha brenda natës. Rrudhje në shpirt e rrudhje në trup. Çmendurisht, vajzat po më dukeshin të gjitha si ty. Dhe dhimbja brenda shtrinte tentakulat, më pushtonte të tërin. Doja të shkoja me gjithë vajzat që shihja aty, se ishin Ti. Sikur doja t'i hiqja të gjitha që aty, i doja për vete.

- Hë? - më nxiste shoku.

- Ti do shkosh me njërën prej tyre? Secila është Ajo! Nuk mund të të lë...

Dhe u ula në shkallët e mermerta, ndërsa ai me kapi për shpatullash dhe më ktheu me fytyrë nga e vetja.

- Ç'ke kështu? Nuk do, nuk di?

- Lërmë, të lutem!...

Ikëm. Nuk folëm për goxha rrugë.

- Ajo ishte aty! - u ktheva nga shoku.

Ndjeja t'i kisha sytë të zgurdulluar nga dhimbja dhe habia.

- Ç'thua, u marrose? Ajo është larg, shumë larg...

- Të gjitha ato... ishin Ajo. Dhe më dhemb kaq shumë, sepse asnjëra nga ato nuk mund të më dojë.

- Të paska zënë alkooli keq fare. Ok, shkojmë në dhomë dhe flemë. Flasim nesër.

Por të nesërmen edhe të gjitha femrat e tjera të atij qyteti ishin bërë Ti. I shihja e s'më shihnin. I doja e s'më donin. Dhe ndihesha aq vetëm, sa kurrë ndonjëherë. Por prapë të doja. Dhe vetëm Ty. Kujtoja se po vinte Shën Valentini e duhej të të blija një dhuratë.

- Do t'i blesh dhuratë femrave të gjithë këtij qyteti? Mundesh? Dhe kur kujtoj që asnjëra nga ato - Ajo nuk do më dhimbsesh. Ahaha... - më ngacmoi shoku me të drejtë.

U tërhoqa.

Kisha zgjedhur me mend një unazë të hollë, elegante mbushur me... Nuk di me sa gurë shumëngjyrësh "Swarovski". Në një formë të mrekullueshme që do të gjarpëronte në gishtin e bukur. Ma kishe treguar dikur në një katalog, atherë kur rrinim bashkë. Dhe unë kisha vonuar... Pastaj ika, emigrova larg, shumë larg. Emigrova edhe nga ty...

Tani nuk jemi ata që ishim. E me sa duket, nuk do jemi më. I shoh të gjitha vajzat e qytetit, të ngjajnë ty. Po unë di të dalloj dhe të dua vetëm ty. Po, po! Të dua ende si më parë!

E mbylla i trishtuar letrën e djaloshit bjond. E sikur t'ia thosha atij që ishte larguar shpejt e shpejt në rrugën e parkut të madh, pëshpërita:

- Kjo është jeta, kjo është dashuria! Dhimbje e bukur që do mbetet gjatë tek unë. Prandaj je i bukur, se dashuron pafundësisht...

20.01.2018

FRAGMENT

Mendohej kokëulur në heshtje gjer kur vendosi të flasë. Mori frymë thellë si të largonte një ngërç që i mbante peng shpirtin dhe guxoi:

- Mirë, do mbetemi vetëm miq, deri kur...

- Deri kur? - nxitoi ajo.

- Deri atëherë kur nuk do kesh më nevojë për mua. - ngriti kokën ai duke e parë në sy.

- Miqësitë nuk kanë afate. Si mundet?

- Po! Deri atëherë. Sepse nuk dua të më thuash një ditë që të lashë në mes të udhës, pikërisht kur kishe nevojë. Sepse gjithnjë do më thuash pa qenë miq të mirë, nuk mund të jemi të dashur të mirë. Dhe se nga xhelozia për dikë tjetër e bëra këtë në dëmin tënd.

- Sigurisht! E kam thënë e do ta them. - tha ajo vendosmërisht. - Por nuk e mendoj atë ditë. Ta kam thënë e prap ta them se kam nevojë për ty në çdo moment. Nuk dua të të humbas për asnjë arsye.

- Po! Po ka dhe një gjë që ti shpesh e harron.

- Që?

- Që unë të dua. Dhe gjithsesi po të them se nuk mund të rri pengu yt. Nuk ta them për asgjë tjetër veç të vërtetës.

Ajo mërmëriti diçka nëpër dhëmbë, sa të fitonte kohë për t'i dhënë një përgjigje.

Ai e nxori nga situata.

- Po ti ç'ke? Në kohën kur s'do kesh më nevojë për mua, dikush tjetër do jetë në vendin tim. Dhe...

- Jo, jo! Tek unë çdokush ka vendin e vet. Dhe vendin tënd nuk mund ta zërë askush tjetër.

Atij i erdhi mirë. I buzëqeshi çiltërsisht.

- Po unë nuk mund të të shikoj me një tjetër e të ndjehem mirë. - i tha ai.

- As unë...

- Atëherë?

- Nuk di ç'të të them. Po edhe kështu... A nuk më thua, ç'të bën të mendosh se do gaboj?

Ai psherëtiu në dilemë nëse duhet të fliste apo jo. Ajo edhe mund të fyhej.

- Pasiguria jote. Këmbëngulja jote për të qenë miq pas asaj dashurie. Brishtësia e të menduarit tënd. Pastaj... Edhe për ç'më ke treguar, më duket se... Shpesh e ndërtojmë njeriun siç na pëlqen, jo siç është dhe gabojmë. Ka ndodhur prandaj them.

- E vërtetë, e vërtetë... - mërmëriti ajo.

Për disa çaste ra heshtje që askush s'po kishte dëshirë ta thyente.

- E di çke! - thirri ai si të kishte gjetur zgjidhjen - A nuk i ndërrojmë emrat dhe nisim një dashuri nga fillimi?

Ajo e pa vëngër si ta kuptonte që po tallej. Pastaj ia njohu dëshirën dhe buzëqeshi.

- Të lozim thua ti?

- Po a nuk kemi thënë që jeta është lojë?

Ajo iu var në duar me përkëdhelinë e dikur-
shme.

- Po mirë. - i tha pastaj - Unë po marr emrin e
asaj, ti merr emrin e atij dhe bëjmë dashuri. Aha-
haha... Çfarë çmendurie!

- Mua më pëlqejnë çmenduritë, por kanë çmin
të shtrenjtë.

- E ti thua se nuk do mundemi t'i përballojmë?

- Nuk e di, nuk e di... - ngriti supet ai i pasigurtë.

- E provojmë një herë?

Dhe qeshën si dikur...

Në sytë e tij kishte dhembshuri, në të sajët mall.

Kaq muaj larg njëri - tjetrit...

29.01.2018

HIJA

 ndjeja të ishte në një lloj inferioriteti dhe keqardhesha për të. I dukesha një mbret, nuk e di i kujt mbretërie dhe më përulej me devocionin e një skllaveje.

Iu afrova, i vura dorën në sup. I kërkova të më jepte dorën e saj. Ma zgjati ndrojtur. Ende rrinte me kokën ulur plot respekt e nderim.

E ngrita. Po kur i pashë fytyrën, me habi pashë se kishte kurorë të praruar. Sytë i ndeshëm në heshtje. Aq i gjatë m'u duk ai vështrim. I uli e para, sërish në shenjë peruljeje. Ndjeja se do ishin vetëm pak çaste të tillë. Po më robëronte dhe nuk po mundja ta përballoja këtë lloj robërimi.

Era merrte flokët e m'i shpupuriste. Po ashtu edhe pelerinën e saj, që dukej sikur grindej për të thënë shumë fjalë. Në atë çast më erdhi t'i përulem vetë me devocion skllavi.

Por më mbajti në këmbë.

Rrinim pa folur.

Pastaj me fëshfërimën e erës bashkë, dëgjova edhe zërin e saj.

- Rrëfimet jo gjithnjë janë pendesë. Shpesh janë qetësi shpirti, në momentet kur dashuritë treten e kujtimet në forma të kristalta si tretësirë e ngopur, bëhen margaritarë e dhembin në mënyrën më të bukur të mundshme. Ti ke të tuat dhe unë të miat.

E shihja si ndriste e bëhej çdo çast më e bukur. Dhe nisa të xhelozoj. Ku kishte qenë më parë kjo hije që sot mbërriti këtu? Ku? Si u ndodhëm në të njëjtën kohë e në të njëjtin vend dhe tani dukeshim si të njohur të vjetër?

- Nuk është turp të dashurosh. Përkundrazi! Por pranga ime, është pranga ime dhe s'ke pse ma përmend aq shpesh. E di që nuk të pëlqen, por ti vetë po kërkon një prangë dhe kjo, sinqerisht po të them, s'është e bukur. - i thashë për t'i dhënë kurajë të vazhdonte.

Por vetë nuk po isha mirë.

- Dhe kur të humbin çelësat e prangave ti bëhesh i pazoti për t'u zgjidhur? Një mbret që nuk zgjidh dot prangat e veta! Është mbret ky? Fol, im-zot, mos u ndruaj! - ironizoi.

I papërgatitur për rrjedhën e bisedës, me siguri do më kishte ndërruar ngjyra e lëkurës.

Njolla kujtimesh që më ngjyrosën mëngjesin pas natës së pagjumë më linin të pafjalë. Dhe ajo distancë prej pak centimetrash që na ndante, më dukej hon ku fjalët tona kumbonin e binin në një lloj rezonance që shpesh përziheshin për të mos u marrë vesh qartë.

- Gjithsesi ti flet kështu, sepse ose nuk i di të gjitha, ose nuk i kupton të gjitha. - i thashë, por i pasig-urt kujt ia thosha.

Ajo siluetë po bëhej makth.

Kishte ardhur me devocionin e një skllaveje para meje si mbret dhe ndjehesha tani i skllavëruar nga fjalët dhe hiret e saj.

- Çfarë duhet të di më shumë unë?

- Ti nuk e di vlerën e vërtetë që ke për mua. Ti je ankthi që le pa pushuar cicërimat e zogjve brenda shpirtit tim. Ti je pritje dhe pritja e ka emrin Itakë. Po tani jam unë i kthyeri në Penelopë që thur e çthur vargjet me mëtonjësit rreth fronit. Sepse të dinë ty Odisenë e ikur. Ti më thua se të pëlqen muzika ime, po ja ku të them se nuk di të kompozoj. Fare! Vjen gjithçka nga brendia ime dhe frymon muzikën që dëgjon ti. Po dije, je shkaku i blerimit të tingujve. Pasojat i kam unë. Ca të dukshme e ca të padukshme.

Heshta pak sa për t'u bindur nëse i takonin asaj gjithë ç'po thosha, apo isha në një ëndërr dhe kisha ngatërruar hijet.

- Dhe ja ku ta them, - vazhdova me bindjen që duhet të flisja - një mëngjes u zgjova më i qetë, pa xhelozi ndaj teje, gjë që tregonte se nuk të doja më si më parë. Dhe nëse dikur mendoja: "nuk duhet të humbja asnjë çast ndërgjegjësimi sa herë më hidhje duart në qafë, më shtrëngoje e më puthje, sepse do vinte një kohë që do më duhej t'i kujtoja", tani kjo më dukej e tepërt fare.

Ndihesha qetë, por jo bukur.

Nuk e di, ndjehem keq kur mendoj se më ka humbur aftësia të përmbahem dhe flas pa rreshtur.

Edhe kur fle, edhe kur jam në qetësi të plotë. Më dalin vetë fjalët.

"- ...Po shyqyr, i ke të bukura". - më tha dikush që ia tregova të metën e re.

- Nuk është aftësia ime, është e saj. - ia ktheva. - Tek unë është vetëm si paaftësi.

Por atë mëngjes heshtnim. Dhe me mjaftonte vetëm prania jote për të qenë mirë. Më mjaftonte vetëm dora jote në dorën time për të folur.

Kishim ulur e ngritur njëri - tjetrin për të thënë gjithçka duhej. Por dukeshim të robëruar, ndonëse çdokush në mbretërinë e vet.

29.01.2018

SHPIRTI

"Ai ka formën e trupit. Por është i tejdukshëm e s'mund ta shohë njeri."- i tingëlloi në kokë si një kambanë që nuk bie në kohën e duhur.

Ktheu kokën sikur priste të gjente njeri pranë, por aq, se e kuptoi që ishte vetëm.

Ecte në rrugën e lagur nga shiu i ditës. Në fakt shiu vazhdonte të binte, por edhe atij vetë nuk i bëhej të hapte çadrën.

"Më pëlqeka të lagem sot. Trupin, se shpirti është që është quall". - qeshi me monologun.

Pastaj ndali një çast.

"Ja, të pres pak këtu. Do mundem ta shoh shpirtin të ecë para meje?".

Dhe priti.

"Sa paskam pirë!". - reflektoi dhe vazhdoi të ecë nën shi.

Ishte ajo rrugë kur mes gjelbërimit të pranverës ecnin të dy kapur gishtash. Natë e ngrohtë maji. Shumë vonë. Ecnin pa ditur ku shkonin.

- A mund ta di ku po shkojmë? - pyeti më në fund e ndrojtur ajo.

- As unë nuk e di. Pse, s'është bukur?

- Po, bukur është. Po kështu si pa qëllim... Se si më duket. Dhe po largohemi shumë. Më sjell pak trishtim kjo errësirë. Sonte s'paska as hënë...

Ai ndaloi, u mbështet te një pemë dhe e mori në gjoks.

- Po kështu? - pyeti djallëzisht.

- Mmm... - mërmëriti ajo kënaqshëm.

Pastaj e rrotulloi, i vuri shpinën në gjoksin e tij dhe e pushtoi fort.

- Sa s'të rrinë këto duar rehat! - i tha ajo duke qeshur dhe ia largoi nga gjoksi me ca naze që atij i pëlqenin.

Ndenjën shumë vonë atë natë, thuajse deri në mëngjes në atë pyll periferik. Por prap nuk u ngopën me dashuri. Derisa një yll i madh doli mbi mal.

- Uau, po gdhin! Pa shiko, Afërdita!

Sikur u tremb ajo.

- Edhe? - pyeti ai indiferent.

- Kemi ndenjur kaq shumë pa e ndjerë!

- Po! Ndihem mirë me ty.

- Edhe unë. - iu struk ajo përsëri në gjoks.

Pastaj nuk folën ca çaste. U dëgjuan vetëm bulkthat.

- E di ti ç'është shpirti? - pyeti ai në meditim e sipër.

Ajo u mendua një çast si për të rregulluar përgjigjen.

- Po ja, që unë të kam shpirt, domethënë jetë. Që shpirti e mban gjallë njeriun...

Ai e ktheu ballë vetes me ngulmimin për ta parë në sy. Asgjë nuk dukej.

- Më sheh dot mua? - e pyeti.

- Është errësirë... - u përgjigj ajo me keqardhje.
- Po për të ndjerë, më ndjen?
- Sigurisht!
- E di me kë bëre dashuri sonte?
- Me ty!
- Po ti s'më sheh...
- Po të ndjej ama... - qeshi ajo.
Qeshi dhe ai.
Pastaj mendueshëm foli si të jepte një përkufizim.

- Shpirti ka formën e trupit, por është i tejdukshëm. Shpirti ka aroma. Shpirti prek, sheh, dëgjon, ndjen... I ndarë nga trupi, edhe jeton vetëm. Por po vdiq shpirti, trupi ka vdekur e ka vdekur. Shpirti kujton, shpirt dhemb. Ti kujton se të dhemb trupi, por në fakt të dhemb shpirti...
- Ooo... Më tremb me këto.
- Ahahahaa! Mos ki frikë! Trupi vetëm e mban atë.
Iu kujtua gjithçka këtë funddimri dhe këmbët iu morën një çast.
Nuk e kishte ndjerë që ajo kështjellë e bukur dikur po boshatisej dhe po mbetej si fosile e kohës së shkuar... I dhimbte gjer në palcë! Apo në shpirt?
"- Vërtet, si thuhet?". - pyeti veten.
Sigurisht shpirtin e ndjente të zhubrosur e të kalçifikuar në format e mbetura të verës që shkoi. I dukej se po lëvizte, gjithçka do thyhej.
Pastaj mori frymë dhe nga thellësia e vetes i doli një piskamë:

- Afërditëëë, kuuu jeee? Rruuugaaa ngaaaa vjen tiiii ështëë priiiishurrrr. Do kohëëë të rregulloheeet! Gjej rrugë tjeeetër dhe ejaaa! Ejaaa! Spërkate me dritë natën timeee dhe çel mëngjeseeeet...

Iu duk më e bukur se lutjet ndaj zotit...

U kthye me hapin e ngadaltë rrugëve të qullura të qytetit. Njomi gishtat mbi një gjethe dhe lagu pak buzët, pastaj gjuhën. Ndjeu kripje shqisave të tij.

"Në këtë qytet gjithçka është e lagur! S'di ç'është, duket si shi, por qenkan lot. Duhet të iki...".

03.02.2018

GJYSMA SHËROHET MË SHPEJT

Është mars.

- Nuk e di ç'ke që po hesht kështu. Ka ndodhur gjë që duhet të ma thuash? - të thashë duke u munduar të të shoh në sy.

E në fakt ndjeja atë ankthin e një të panjohure që duhej ditur patjetër.

E mban mend?

Ti ule kokën a thua ishe në një provim ku i dije të gjitha, por nuk mund të përgjigjeshe dot.

Pastaj more guxim e m'u drejtove me një pyetje retorike.

- E di ti çfarë janë sëmundjet ngjitëse?

Qesha një çast, sepse nuk dija vërtet ku doje të dilje. Picërova sytë me një farë përkëdhelie si për të të thënë: "vazhdo!".

Por s'qe nevoja, se vazhdove vetë si të thoshe një paragraf të mësuar përmendësh. Një lloj përkufizimi si në shkencat ekzakte.

- Janë sëmundjet që transmetohen nga njëri organizëm, te tjetri...

- E di, si nuk e di! - të ndërpreva - Nëpërmjet rrugëve të frymëmarrjes, të trejtjes dhe të...

- ...gjakut do të thuash?

- Po, sigurisht. Të prekjes, me anë të lëkurës...

Dëgjova të qeshje mirësisht.

- Po, patjetër. Kam tentuar sa herë të të shpëtoj kur ke qenë me grip, me rrufë e me kollë.

- E si, a s'ma thua?

- Duke të puthur, duke të prekur... Të merrja virusin tënd, të të shpëtoja nga dhimbjet.

Heshtëm të dy një çast duke hetuar njëri-tjetrin, po unë guxova të të pyes.

- Nuk po të kuptoj! Ku do të dalësh?

U ktheve përballë, m'i kape duart duke më parë në sy. Qetësisht, thellë syve të tu pashë një dritë që jo edhe aq shpesh duket.

- Tjetër gjë dua të të them...

- Folmë, të dëgjoj! - u bëra kureshtar.

- E di që edhe dhimbjet e shpirtit janë ngjitëse? E ke menduar ndonjëherë që dhimbja jote, vuajtja jote më kalon mua dhe shumëfishohet kur futet në shpirtin tim?

Në fakt e dija, por nuk më erdhi mirë ta pranoja. Kishim pranuar që të gjitha do t'i ndanim, edhe dhimbjet, edhe gëzimet.

Instiktivisht ula kokën të fshihja sytë. Nuk më vinte mirë që dhimbja ime të vinte tek ty, ashtu si padashje, si ato sëmundjet ngjitëse.

Pse duhej, pseee?

- Nuk e kam dashur kurrë këtë, besomë! Më zbukuron jetën, por jo duke bërë tënden të dhimbshme. Më vjen kaq keq...

- Jooo, zemër jo! Nuk ta thashë për keqardhje, as si ankesë. Po ja, le ta ndajmë të dy.

Kishim hyrë në një pyll mështeknash të bardha. Në atë qetësi më dukej se çdo fjalë kumbonte. Sigurisht nuk u ndjeva mirë.

U mbështeta në një trung me sytë nga qielli blu i marsit, si për t'u lutur në një marrëveshje që nuk bëhej me fjalë, por me shpirt. U ndjeva i dobët sikur do bija nga çasti në çast në një pellg fjalësh që nuk i deshifroja dot.

- Ç'ke? Nuk ta thashë të mërzitesh. Dua të marr dhimbjet e tua. Bëmë një nder! M'i jep të gjitha t'i mbaj e do të shohësh që do t'ia arrij. E ti do jesh mirë.

- Po nuk është helm. Sa fort të dua kur më flet kështu! Ç'është vallë ky përkushtim? Ç'u pa, nëse i merr ti?

- Dashuri, ç'mund të jetë tjetër...

Të pashë me guximin e një heroi që do të dalë nga legjenda.

- Po, vërtet! Jepma e do ta mbaj unë. Dua të jesh mirë ti, besomë!

Të kapa për supesh dhe të afrova. T'i pashë sytë e përlotur, por me forcën e një dhimbjeje që duhej kaluar.

- Jam i qetë, çdo gjë ka kaluar tashmë. S'di pse t'u kujtua.

- Jepmi të të besoj! - the pa më parë në sy - Mbase jam mërzitur kot, pa të drejtë, jam bërë xhe-

loze pa e kontrolluar veten. Por kjo jam. Dhe me kë-
to të kam mërzitur.

- Jo, jo... Asgjë s'ka ndodhur. Gjëra që vijnë e ikin.
- desha të të qetësoja.

E mban mend? Më the se kishe një tension që
po të çante gjoksin, por që prisje të kalonte shpejt.
U ndjeva kaq keq dhe të mora në krahë me një lloj
përkëdhelie.

- Po vërtet, nuk jam mirë, më merret pak fry-
ma. - dhe zbërtheve dy - tri kopsa të këmishës së
bardhë.

Pashë atë gjoks të mrekullueshëm të hidhej i
shqetësuar për ndonjë brengë që del aty - këtu në
jetë. U keqardha vërtet. Të futa duart nën këmishë
të zbërtheja ato dy kapse recipetash që m'u dukën
pranga për frymën tënde.

Qeshe, more frymë lirshëm e unë u ndjeva mirë.

- Ky ajër marsi... Sa mirë!

U mbështete në gjoksin tim. Ma more dorën e
ma vure te lëkura e bardhë mbi zemër. Aty ku qer-
shizat kulmonin fryrjen e shpirtit. Ah, sa më shi-
jonin ato çaste të falura aq njerëzisht në çdo dime-
nsion.

Kujton?

Më zgjon ende ai rënkim femëror dhe sytë që u
mbyllën për të afruar ëndërrat.

- Ja, kështu! Kaloi dhimbjet e tua tek unë me
këtë prekjeje! Transmeto! - pëshpërite.

Qesha mirësisht.

- Të duken dhimbje këto prekje?

- Shët... Kalomi pa fjalë! - pështpërisje puhizën e stinës symbyllur.

Nuk di çfarë shihje ato çaste.

- Mirë, po hesht! Nuk dua të dhembësh për mua. Dhimbjet vijnë e ikin. Janë pjesë e jetës. Herë vijnë tek ty, herë tek unë.

Pastaj të preka ballin, të kreha flokët. Kishte kaq lagështi syve të përhumbur në madhështinë e shpirtit që do të ndajë çdo gjë përgjysmë.

Ta mora kokën në gjoks e gjoksi m'u lag.

Po transmetonim me çdo gjë që kishim mundësi, po pjesëtonim për dy.

Këtë kishe kërkuar dhe e kishe arritur. Aroma shpirti që vinin rreth nesh pa prekur gjëkundi, por që ne i ndjenim.

- Ç'do gjë fillon nga zemra. Pastaj transmeton në shpirt. Jemi njësh të dy, siç ishim!

Dhe ashtu ishte ajo mbrëmje marsi.

E di? Që atëherë për mua çdo ditë është mars.

Çdo sëmundje e ndamë bashkë dhe nuk u sëmurëm më kurrë.

Se gjysma shërohet më shpejt...

07.02.2018

PA FJALË

Kujtohu, të them shpesh se dashuria është memece. Edhe kur flet, nuk i thotë të gjitha.

Shiheshim në sy e nuk flisnim. Por flisnin sytë aq bukur. Aq sa goja heshte pa mundur të thoshte gjë.

Nëse nuk ka gjë më të bukur për të thënë, më mirë të heshtë! T'ia lërë syve që dinë të transmetojnë thellësinë e shpirtit. Kush di të kuptojë, le të kuptojë. Kambanat bien për ata që kanë veshë thonë.

Nuk kisha frikë të flisja, as ti. Por si gjithnjë kur të ndaheshim do bënim bilancin e atyre që thamë dhe atyre që mbetën pa thënë. Dhe gjithnjë do fitonte e dyta.

"Ç'ke, pse nuk flet?". - thoshe me sy.

"Po flas, nuk më dëgjon?". - përgjigjesha me sy.

Ulje kokën buzëqeshur.

Zgjasja dorën të prekja tënden. Ca fjalë më shumë shprehnin dëshira të pafundme.

Ndryshonin ngjyrat në prekjet që ndodhnin.

Të prekja qafën tinëzisht, flokët... Dhe ndjeja të të varej pak koka pas, për të kërkuar e gjetur ëndërrat.

Pa fjalë të gjitha këto.

Pastaj merrja duart e tua të bindura i vija te faqet e mia. Sa flisnin edhe ato prekje të brishta na-

zike! Më prekje sytë, vetullat, hundën, mjekrën...
Thua isha një skulpturë antikiteti dhe t'i do klithje:
"- E preka!".
Në dëshira të pafundme për të fituar çastet e
ëmbla, të paharruara.
"- Më fal. Unë kaq di të flas. Kaq mundem".
Pa fjalë...
"- Të ndihmoj unë! Sepse njeriu që di të dashu-
rojë, nuk harron si mund të duhet ajo që është më
njerëzorja".
Pa fjalë...
Pa fjalë gërmonim shpirtrat e njëri-tjetrit për
të gjetur smeraldet e mbetur nga koha e shkuar.
"Ç'po bëjmë kështu?".
Pyesje me sy pas çdo okupimi territoresh që bë-
ja unë.
"Dashuri".
"Sa bukur!".
Nuk i merrja, por m'i dhuroje! Butësisht!
"Mos më çmend! Nuk dua të pendohem nesër".
"Nuk do pendohesh kurrë".
Bëheshim njësoj memecë, njësoj llafazanë.
Në gjithë atë heshtje kishte dashuri, kishte xhe-
lozi, kishte grindje. Largoheshim. Afroheshim në
sinusoida të ndritshme që ndriçonin natën pa fund.
Në këtë botë, ishim vetëm unë e ti. Pa fjalë, të
pagojë, të paveshë, nuhatjeve të pafundta që mer-
nim e jepnin aromat më të këndshme që ndodhin
tek dy qenie që ndjehen.

Të shihja sytë e kuq që mundoheshin të fshih-
nin fjalët. Por ato buisnin pa dashjen tënde.

"Ah... Ta dish ç'më bën ti!? Mjafton të ishe një
herë "unë" dhe të dije ç'ndodh brenda këtij planeti
që rrotullohet rreth teje". - të thoshnin sytë me një
tundje të lehtë koke.

"E di! E kam brenda vetes gjithë atë ndjesi, die-
lli im". - të thosha me sytë që zmadhoheshin për të
parë çdo gjë nga hiret e tua.

E dua të premten...

E dua të dielën...

Të enjten...

...

Atë kafen e mëngjesit pa fjalë.

Të gjitha ditët e javës që më sjellin te ty i dua!

Le të mbetemi në memecërinë tonë të bukur,
ashtu të pafjalë, por të dashuruar!

Se në dashuri fjalët janë të tepërta...

13.02.2018

MIQTË

- Ja, ku erdha unë, shoqja jote e vjetër. Më thirre? - e pyeti ajo duke i shkelur syrin.

Kishte mbetur çapkënia e dikurshme. Hokatare, një koketë e ëmbël.

U zgjat pak dhe e puthi në faqe.

Ai heshti. E përqafoi fort dhe nuk iu bë ta lëshonte.

- Ej... Më more frymën! - u përkëdhel ajo.

U nisën drejt hyrjes së lokalit, por ai e kapi nga krahu.

- Rrimë jashtë? Nuk është aq ftohtë.

Ajo e pa çuditshëm, por nuk ia ndeshi sytë. Po e bënte fakt të ndenjurën jashtë.

- Ah, po do pimë cigare. - e nxori nga situata.

Ai nuk e ngrinte kokën.

- Hë, paske hall të madh këtë herë. Të ka ndërruar edhe ngjyra e fytyrës. Ja, më thuaj tani, mos u vono! Se nuk vjen ti te kisha, por vjen kisha te ty.

- Mos u nxito kaq, akoma s'jemi ulur. - i buzëqeshi ai.

Ndezi i paduruar një cigare.

- Po e ndez edhe unë një. - i tha ajo se me qortim që ai nuk ia zgjati paketën as për mirësjellje.

Ngriti vetullat si të kërkonte ndjesë.

- Fol! - urdhëroi ajo ëmbëlsisht.

- Si ke qenë? - pyeti ai si për t'iu shmangur asaj për të cilën e kishte thirrur.

- Mirë, falemnderit! - u tall ajo e vazhdoi me këmbëngulje - Lëri teatrot tani, po vazhdo më thuaj për çfarë më thirre. Ta njoh kokën unë ty...

Vuri buzën në gaz, zgjati pëllëmbën te faqja e saj dhe e përkëdheli.

- Kam humbur një dashuri... - i tha dhe e pa në sy.

- Ooo... - trishtoi ajo me një pasthirrmë mbytëse. - Ajo për të cilën më flisje natë e ditë?

Aprovoi me kokë i kënaqur që ajo e kujtonte.

- E mbaj mend mirë, sepse më flisje deri në detajet më të vogla...

Ai i hodhi sytë larg për të kujtuar ato që i kishte treguar.

- Po, atë! - tha dhimbshëm.

- Po mirë, unë ç'hyj këtu?

- Ti je shoqja ime e vjetër, më e mira. E unë kam nevojë të flas.

- Ik te lulishtja, hap një gropë, thuaji të tëra dhe mbuloje prapë. Se dhe unë kaq do bëj. Ahahaha... - qesënditi ajo.

- Dreq! S'ke ndryshuar fare. - tha ai kokëulur.

- Hajt, hajt se do të të dëgjoj edhe këtë herë... - i ra ajo mbi gju si për ta nxitur të tregonte.

Ai mori frymë thellë.

- Në fakt kishim disa muaj që nuk po komunikonim. Nuk e di, shpesh disa grindje më duket sikur sajohen për një lloj ndarjeje.

- Normale, të gjithëve u ndodh.

- Po! Dhe dihet pse. Nganjëherë egoja, nganjëherë s'dalin llogaritë, koha, kushtet...

- Edhe?

- Po ja, ajo gjithmonë thoshte se...

- Të kuptoj, - ndërpriste shpesh shoqja - të drejtë ke pasur.

Pastaj ai sikur merrte zemër të fliste dhe të qortonte më shumë sjelljen e dashurisë së tij. Dhe ajo i thoshte:

- Ke të drejte, njeriu nuk duhet të sillet kështu...

Ai qetësohej për ca momente. Pastaj, si t'i kujtohej diçka tjetër hovte, ndizte një cigare dhe vazhdonte të tregonte, të vërente, të qortonte ish të dashurën...

- Po, po. Ashtu është, ke të drejtë! Derisa dasheshit nuk kishte pse të vepronte ashtu. - i thoshte përsëri shoqja e vjetër.

Kishte nisur të binte një lloj qetësie në bashkëbisedim, thuajse bisedës po i vinte fundi. Por ai nuk ndjehej i plotësuar me ç'kishte thënë, kurse ajo vazhdonte të ishte e gatshme të dëgjonte.

- Kjo paska qenë ajo që ke dashur? - i tha ajo.

Atij sikur iu prish radha e atyre që i kishin mbetur pa thënë. Ngriti kokën dhe e pa në sy si për t'i thënë: "Çdo të thuash?".

Dhe pa që ajo të hapte duart si për të pritur përgjigjen e tij.

- Në fakt, nuk të thashë edhe se...

- Ma the, ma the edhe këtë. Tani nise t'i përsë-
risësh. - qeshi ajo duke e ngacmuar. - Ikim tani? Rri
i qetë, fajet i ka ajo!
I theri një lloj ironie e hollë që gjeti në tonin e saj
Ajo nuk nguroi ta kapte për krahu me dasha-
mirësi.
- Po dale... Më duket se nuk t'i kam thënë të gji-
tha...
- M'i the, m'i the! - e siguroi ajo.
Ai ndaloi.
- Po unë ende nuk jam i qetë. Më dhemb...
- Pse s'je i qetë? Ajo pra, i ka fajet, ç'ke?
- Ndjej ta dua shumë... - pëshpëriti ai në një lloj
pavendosmërie nese duhet ta thoshte apo jo.
- Atëherë!? - i qeshi ajo.
- Nuk e di. Po ti pse ma bën këtë? Më duket si-
kur luan me ç'të them unë.
- Se të dua fort, se dua që ti të njohësh, të gjesh
veten. Veten që të ka humbur prej saj. - u zgjat ajo,
e përqafoi dhe e puthi përsëri në faqe.
Ai e pa me dyshim.
- Ik ti, ik! Faleminderit që erdhe! Unë do pi edhe
një cigare. - i tha duke e përqafuar.
Iu duk se ishte përqafimi i fundit i këtij lloji. Se
nuk duhet ta thërriste më për ankesa të tilla.
E ndoqi me sy.
Largohej dhe përshëndeste me dorë.
14.02.2018

NËSE DIMË TË DUAM

Kujtimet janë copëza jete që shpesh na lënë pa gjumë. Por ndodhin. Sepse sa herë kaloj semaforët, më kujtohet ajo ditë...

Ishim në atë udhëkryq. Të gjitha anët e rrugëve u bllokuan në çast dhe u ndezën vetëm drita të kuqe.

Por, unë pashë vetëm sytë e tu. Dhe ti vetëm të mitë. Dhe vumë buzën në gaz në vendin dhe në kohën e caktuar. Vendi u blerua nga dritat jeshile, po asnjëri nga ne nuk lëvizi.

Kujtimet...

Janë ato sekretet që vetëm njëri - tjetrit ia kemi thënë. Aty jemi vetëm ne të dy. Por prapë është aq bukur, si në zanafillë. Shpesh të kam thënë qe nuk t'i kam thënë të gjitha. Por ti i di... Mua më duket sikur përsëritem e ti qesh nën buzë ngacmueshëm.

Sa herë dielli na ka parë të dyve, sa herë hëna na ka përgjuar çfarë kemi shkëmbyer...

Janë vegime që dalin në ëndërra. Janë pëshpërima të bukura.

Janë nostalgji çastesh që askush nuk i di. Janë vetëpërmbajtje, janë dëshira të parealizuara dhe të realizuara.

Rron dot njeriu pa kujtime? Unë jo! Po ti?

E shpesh më kujton ku ishim, çfarë thamë...

- E di, e di. Jemi tërbuar fare. Pa ditur sa qe ora... Duke harruar ku e pse ishim.

- Po! Por ishim ama!

Dhe qesh kur kujtoj dhe pyes veten:

- Kush ishe ti që hyre papritur në jetën time?

- Gjeta derën hapur! Ti atëherë...

Pastaj më vjen të pyes:

- Po unë kush isha? Si mund të pranohen tek njëri - tjetri njerëz që i detyron semafori i jetës të ndalojnë? Dhe sot kujtoj si nuk e ngurtësuam ëndërrën, po e lamë te iki, si? Më ka marrë malli të vallëzoj. Vallëzim dashurie, me kokën në sup të njëri - tjetrit. E të shohim si plasin mijëra fishek-zjarre të bukur ëndërre në shpresa brenda gjok-seve. Në ëndërrat e pafundme që i thurnim bashkë në heshtje.

- Le të jetë shi, po pastaj? Ëndërrat nuk i tret shiu. Ato janë pjesë e shpirtit. Nuk lagen, nuk ikin. Vallëzojmë! Aty në pyll ku mbrëmja na gjeti tek u përkushtoheshim lodrave dashurore.

Degjomë!

Nuk meritojmë të mërzitemi, nëse dimë të du-am, sepse është virtyt, nëse jemi të çiltër e të sin-qertë, sepse është njerëzore, nëse dimë të jemi të pastër, sepse ashtu duhet. Gjithçka duhet vlerësu-ar! Kujtimet... Pjesë e pandarë e jetës.

Sekret? Jo, jo! Por janë vetëm për mua, vetëm për ty. Dhe le të jenë pjesë malli e jetës.

17.02.2018

ENËT

- Ke dëgjuar për enët?

- Për cilat enë?

Vura buzën në gaz e ndjeva atë dëshirën e bukur për të luajtur fjalësh me ty.

I ngryse pak vetullat si të më pyesje ç'doja të thosha.

- Për enët. Se kemi disa lloje enësh...

- Ç'do të thuash?

- Po ja... Kemi së pari rëndom ato që u themi enë kuzhine. Janë pjatat ku unë e ti hamë në heshtje dhe shihemi në sy duke shprehur ç'ndjejmë. Se thonë që dashuria fillon nga stomaku.

Janë lugët e pirunjtë me të cilat shpesh në shenjë përkedhelie ushqejmë njëri - tjetrin.

- Po thikat? - ngacmon ti.

- Jo, jo. Nuk më pëlqejnë, s'doja t'i përmendja fare. Por mund të të flas për gotat. Ato i shkëmbejmë si padashur, për të pirë në buzë të njëri - tjetrit lëngun e kuq mistik që aq shumë mbjell ëndërra e ndez dëshira.

- Tjetër? Ç'të pjell ajo mendja jote e bukur, pa më thuaj?

- Ahaha, e bukur? Kam zhurma në të. Kërcasin enë si kambana të më mbajnë zgjuar gjithçka lidhet me ty. Ka enë komunikuese. Dhe ne jemi të

tilla. Niveli i asaj që ndjejmë barazohet te ne sa he-
rë jemi bashkë, sa herë flasim, sa herë shkruhemi.
Dhe bëhemi njësoj edhe në mendime, edhe në fja-
lë, edhe në pasionin që rritet e derdhet mbi to. E
ndjen ti këtë? Kemi edhe lloje të tjera enësh, si enët
nën presion.

- Po këto ç'janë?

- Janë enët e përgatitura me mure të trashë e
të fortë, material special, për të përballuar trysni
të larta.

- Kuptoj. Për shembull enët e gjakut!

Qesha. Ata sytë e tu çapkënë kishin nisur të flis-
nin. Të lashë të vazhdoje.

- Janë enët më të bukura, më njerëzoret, më të
frikshmet. I ndjej të mbushen plot e të pulsojnë
kur jam me ty. Të më marrin frymën nga rrëmbimi
i gjakut që kalon me shpejtësi marramendëse. E
di? Shpesh më duket të kemi një sistem të tillë të
përbashkët. Do të thotë që gjaku nis lëviz tek unë,
vjen e plotësohet, përzihet me tëndin e rikthehet
sërish tek unë. Dhe ndjej atë shkëmbimin ndjesor
që ma bën jetën të bukur.

- Sa bukur flet ti, e dashur! Më vjen kaq mirë që
më kupton dhe më shpjegon se ç'ndodh.

Ti qesh shpesh me këto që të nxis unë të thu-
ash.

- Po edhe sistemi i lotëve!? - kujton të thuash.

- Ah, jo, jo! Nuk dua të flasim për të.

- Ta lëmë për një herë tjetër?

- Jo. Nuk më pëlqen fare ta përmend. Lëri tutje ato kohë kur ai funksionon. Tani nuk duhet.

Ti qesh.

- Epo... Vetë thua që kjo është jeta, kjo është dashuria.

- Ti je e bukur edhe kur je në lot. Kaq...

Pastaj, si të ketë mbaruar leksioni i enëve, qeshim butësisht e vazhdojmë rrugën.

Ej, edhe kjo rrugë është një enë e bukur ku lozim të dy...

18.02.2018

ERA

*T*ë kam thënë sa më pëlqen emri Era?

Është simbol i ndryshimit të presioneve si pasojë e ndryshimit të temperaturave. Por më pëlqen vërtet kaq shumë. Sepse çdo lëvizje sjell erë, lëviz diçka dhe ndjej të jetoj.

Erërat më zgjojnë! Edhe kur ti kalon, ndërron vend sjell erë. Aroma jote më shumë më sjell atë gjendjen e bukur që shpesh ta përmend. Ti hap dyer të bukura tek unë. Ti hap dritare që sjellin ajër të freskët për të jetuar bukur. Përzjerë me aromë fjalësh malli, por edhe me ato që mbetën pa thënë larguar dimrit që ngriu ën-dërrat dhe shpresat.

Erërat që sjellin pëshpërimat e tua, sado larg të jesh. I dua se janë fjalë drejtuar shpirtit tim në heshtjen e ndrojtur nazike.

Erërat që të marrin flokët dhe të bëjnë më të bukur. I dua, se flokët janë tentakula skajore të trupit, që dinë të shprehen me shpirt kur më përkëdhelin fytyrën.

Erërat e ftohta që të skuqin faqet e të nxisin t'i fusësh në qafën time të ngrohtë. I dua një motiv më shumë afrimi.

I dua në verë kur më freskojnë shpirtin e trupin.

I dua në dimër...

I dua në çdo stinë që ndërron.

Pa to nuk rri dot. Janë parfume fjalësh, ndjesish që përziejnë çdo gjë, për t'u ndjerë bashkë.

Ato sjellin aromëmirën e luleve të tua shumëngjyrëshe nisur nga e verdha e mbaruar në të kuqen që të ngjyros fytyrën sa e sa herë.

Erërat përziejnë edhe fjalët! E ndjen që flasim njësoj? Dhe qeshim.

- Njësoj ndodh edhe tek unë. Tani që më tregove dua të të them se...

- Thuaje!

- Nëse ti më flet për stinët, unë të them për çdo ditë të javës. E ndjej ajrimin e të hënës kur më uron javë të mbarë. E kuptoj kur është e martë, se era më sjell kujdesin tënd kur thua: "e marta ka një orë terse". E njoh erën e së mërkurës, është mesjavë, lodhu pak. E enjtja ka atë aromën e mirë të gatimeve që shpesh më bëjnë të qesh. E premtja ime, e premtja jote, përzjerë aromat e të dyve në një prelud dashurie dhe erotizmi. Sa mezi e pres si ëndërrën e javës. Lumturoj...

E di? Të shtunën zgjohem vonë... Më zgjon aroma jote e më nanurit në ëndërra të bukura. Luaj aty mes rrobave të ngrohta e ndihem e lumtur.

- Po e diela?

- E di ti... E diela jonë. Aromë kafeje në erëra mendimesh, ndjenjash në start për javën e re.

Shihemi në sy e mbetemi përzjerë aromash.

"Të dua!".

Iu fryj pak fjalëve që era t'i sjellë tek ti...

18.02.2018

PENGU I PUTHJES

Ti mund t'i gëzohesh thjesht një pengu, që mbajte një burrë aq kohë sa munde, për një puthje të padhënë. Por ajo puthje që mbahet peng kështu, është veprim fizik. Ti nuk mund ta kuptosh puthjen e shpirtit. Sepse ajo nuk ka përkufizim: "ngjitje buzësh"... Ajo ka tretje të padukshme pa lidhje me materjen.

Ti thjesht i gëzohesh përuljes së burrit që bëre për vete nga pengu i një puthjeje. E shite shtrenjtë një ngjitje buzësh, lëngjesh tretur te njëri-tjetri. Dhe kaq.

Pastaj ajo thahet e hesht.

Një puthje shpirti nuk ka afate, nuk ka moshë. Ajo është hyjnore, e bekuar nga zoti që tregon udhët e jetës, që ndjehet e nuk jetohet për të ngrënë e për të pirë një gotë verë, sa për të ngjallur pasionin e munguar.

Ti mund të mbash peng edhe përtej jetës.

Me fal, harrova të të pyes.

Kush je ti, që tregon si mban pengje sirenash lidhur në direkë anijesh?

Kush është ai burrë Odise, që rri lidhur e burgosur në direk edhe kur sirenat kanë mbetur pas?

Një puthje shpirti është aq e bukur edhe kur vjen si vetëtimë e ikën prapë si vetëtimë. Se shpirti nuk burgoset dot.

Janë pesë, vetëm pesë germa hyjnore që bëjnë hatanë.

Çudi! Me çfarë vogëlimash mburret bota jote!

Çudi! Me sa pak kënaqesh ti!

E përjtshme është puthja e shpirtit.

01.03.2018

DËBORA

Ja ç'më erdhi nga ty, e mira ime!

Ta njoh shkrimin, fjalët, bukurinë e mendimit. Instiktivisht këmbët më nxorën në rrugë, sapo mora vesh që gjithçka ishte zbardhur. Desha të bëja fotografi ashtu e ngazëllyer. Po kur pashë që isha vetëm, gjithçka më ngiu duarve dhe dy sumbulla loti më ndritën në sy. Si mund t'i gëzohesha vetëm asaj bukurie?

Dhe heshta një çast. Kisha dëshirë të shkelja mbi atë virgjëri të bardhë vetëm me ty. Dhe këmbët nuk më bindeshin të ecja e vetmuar. Doja katër gjurmë, jo dy. Jo dy!

"- Ku je? Ku jeee?". - oshëtiu fryma brenda gjoksit tim.

Ndjeva gjinjtë të më nxeheshin nga emocioni. Ajo flakë e bukur malli që di të djegë shpirtin e një gruaje, nisi të më sfiliste.

"- Ne të dy? Po pse patjetër katër gjurmë? Unë do të të mbaja në krahë në atë shëtitje të bardhë. Dy gjurmë do prishnin"... - ndjeva të më flisje dhe pashë përreth.

Shpirti yt aty pranë me mua! Ta ndjeva frymën mes flokëve që m'i merrte era me flokëzat që binin. Ta ndjeva aty pranë veshit:

"- Jam këtu, me ty. Ndjemë, gëzohu!".

Dhe trupi më pulsoi. Ata flokë të bardhë dëbore u bënë tik-takë zemre.

Me krahë hapur drejt qiellit qesha si e marrë duke thirrur:

- Ti më dëgjoveee... Bekuar qofsh, zoti im!

Të shihja e të prekja me kristalet e bardha nëpër flokë, në faqe, në buzë. T'i mblidhja me buzët e mia dhe bëhesha një grusht për të hyrë në çdo skutë tënden të ngrohtë, zjarr... Gjithë ditën të kisha folur, të kisha thënë fjalë të ngrohta e s'më ishe përgjigjur. Po ja, tani... Ah, tani po!

Nuk është dashuri kjo imja, të siguroj.

Është më shumë, ose për hir të së vërtetës, shumë më shumë se një dashuri. Sepse nuk më ka ndodhur kurrë më parë.

Grindemi, s'di pse. Por prapë duhemi dhe prapë nuk e di pse!

Më dhëmbin dashuritë e tua sa herë më flet, sikur të jem ti. Por nuk dua t'ia di për to. I dëgjoj si të më tregosh për letrat e Cvajgut, sikur nuk je ti. Sepse të dua për vete, vetëm për vete. Të shoh vetëm si personazh të një filmi të vjetër, parë kushedi sa herë e sa kohë më parë, prandaj nuk dua t'i besoj. Dhe po të them që bëhem xheloze, egoiste, e pamëshirshme.

Por mos e shfrytëzo dobësinë time, të lutem!

"- Ty të dhëmbin historitë e mia?".

"- Po! Shumë, sepse të dua dhe nuk të dua të lënduar!".

"- Vërtet?".

"- Po! Së pari se nuk dua të shoh tek ty gjurmë trishtimi. Dhe së dyti...".

"- Çfarë së dyti?".

"- Doja të isha unë te të gjitha historitë, që në ngjizje".

Dhe më vjen të të përqafoj fooort, teksa të shoh fytyrën e habitur dhe sytë që sikur kanë marrë vezullim nga dëbora.

Doja të ktheja kohën pas, shumë vite më parë. Të ishe ti i pari në jetën time dhe unë në tënden. Të të jepja gjithë ç'mundesha. Të ndihesha skllavja jote dhe mbrëmjeve të isha hyjnia që të bekon fatin. Të ndjeja si do burrëroheshe minutë pas minuti, orë pas ore, ditë pas dite... Të ndjeja se kisha një zot që më printe rrugën për çdo çast.

Por nuk jam veçse një bebe pesëmuajshe që më ngazëllen mendimi se ti ekziston vetëm për mua, pavarësisht moshës. Të ndjehem një shpirt i butë e i nënshtruar, i pasigurtë, në nevojë për mbrojtje të delikatesës sime.

Por shpesh, kur nuk të ndjej pranë, shpirti nuk më pikon lot, më pikon gjak.

Se edhe ti mërzitesh për ca lojra të vogla dashurie e ngacmime që mua më pëlqejnë të bëj. Të të shoh atë fytyrën e bukur, të merakosur për "ç'po ndodh" mes nesh. Sepse, siç duket unë jam pak më serioze në dashuri. Mërzitem për epokën para erës së re, domethënë, epokën kur nuk ishe imi.

Pastaj më vjen të qesh pa fund.

Po çfarë jemi ne?

Ne jemi dy ajzbergë që vendi dhe koha na bënë të ishim pranë njëri-tjetrit në ujra që nisën të ngrohen e ne nisëm të shkrijmë. Në fillim na dukej vetëm një pjesë akulli mbi ujë, nga nëntë që kishim. Por tetë të tjerat duhet t'i pranonim ashtu siç ishim dhe t'i vuanim si të shkuar të largët, në heshtje reciproke.

Pastaj, i treguam njëri-tjetrit gjithçka dhe nisëm të bëhemi ujë e të tretemi së bashku. Mban mend sa bukur ishte zanafilla jonë?

Nuk është mirë të vuajmë për gjëra të vogla, se nuk e vlen. Ato rregullohen me kalimin e kohës. Duhet të kujtojmë se kemi një jetë të tërë bashkë.

"- Ke provuar të veshësh rroba të arnuara?".

"- Ç'do të thuash?".

"- Kështu vjen jeta. Po përsëri veshim tek mendojmë që na rrinë mirë. Vetë jeta i ngatërron udhët".

"- Po, por ka ca gjëra që nuk harrohen. Si përqafimi yt i parë që më hutoi e me çoi në ngasje që kurrë s'i kisha menduar. Edhe njëqind vite të kalojnë, s'di si mund të ketë sërish një herë të parë me ty, që të rindje atë emocion".

Përmendem...

Po flas me ty, teksa shoh vetëm hijen time në mes të rrugës së zbardhur.

"- Ku je? Ku jeee? Dua të të shoh në gjumin e

mëngjesit! Të të përziej ëndërrat me shkopin ma-
gjik të intuitës sime"....

"- Mos bëj kështu, të lutem!", - ndjej zërin tënd
të merakosur - "E nëse nuk jam i zoti të të jap aq
dashuri sa meriton ti dhe sa dua unë? I kam frikë
lëndimet e këtij lloji".

"- O zot, ç'thua kështu? Më tremb e më merakos
me këtë mendje të brishtë".

Unë nuk kam kërkuar e nuk kërkoj asgjë prej
teje, përveç atyre që ke të lindura dhe di t'i japësh
natyrshëm, siç duhet. Përveç asaj që je, përveç
ekzistencës tënde të bukur. Kaq. Po edhe nëse nuk
mundesh, gënjemë pak. Sepse dua të gënjehem
nga mrekullitë që shoh në ëndërra. Ti nuk e kup-
ton këtë?

Unë e di që nuk mund të duhemi njësoj, sepse
prej një dashurie e tillë, bota do përmbysej nga
përmasat që do merrte. Vullkanë e tërmete do
dridhnin shpirtrat e do ndodhte apokalipsi.

Por gënjemë bukur. E di pse?

Sepse unë të dua. Të dua si grua që di të dojë bu-
kur, që di t'i merret fryma nga dëshirat e shpirtit,
që njeh një ëndërr, që shpreson.

Të dua si grua që di çështë dashuria, jo si zuskë
që të zhvat shpirtin e të lë mjeran në mes të rrugës.
Nuk kam turp që të dua me naivitet fëmije, as
mëdyshje, as ndrojtje. Kam vetëm përkushtim të
të bëj të lumtur.

Më thuaj tani nëse takohemi përsëri, a do më

dalë shpirti? A do më dalë shpirti pa t'i puthur ato buzë e atë gojë që flet ashtu?

E di ç'dua unë nga ty? Një kishëz të vogël ku të falem. Një stacion ku të të them mirëmëngjes e natën e mirë, ku të marr pak frymë vetëm për ty.

Sa e verbër paskam qenë, që s'të kam njohur më parë, atëherë kur duhej! Sot më duket se ke pasur nevojë për mua gjithë këtë kohë, për sa kujtoj sytë e tu melankolikë mbushur plot jetë. Por kam frikë se më ikën dhe shpesh nxitoj të flas e bëj shumë gabime.

Ti qesh...

"- I prek me frymë fjalët e tua, me sy, me gishta, me buzë, e mira ime. Dhe vetëkorrigjohem. Kuptoj gjithçka dhe më duket edhe më bukur se të ishin shkruar korrekt. Sepse ndjej emocionin tënd, dashurinë tënde, zërin që dridhet si një kumbim kambane paqeje. Dhe ndihem mirë. Dëgjoj zërin tënd të ëmbël e sytë kanë lëng malli tretur".

Faleminderit që erdhe në këtë natë të bardhë e më fole!

Dëborën e zhvirgjëruam së bashku, me hapa e me fjalë.

Tani kam ftohtë. Duhet të hyj brenda ku s'mund të mendoj më për ty, sepse kam punë, kam për të shkruar (përsëri për ty) kam për të lexuar, (përsëri për ty).

Eja! Kam ndezur zjarrin e bukur që të pëlqen ty, dashuria e jetës sime!...

KASAFORTA

Sot është e hënë. Në përgjithësi të hënat janë të mërzitshme. Por mua ma zbukuron prania jote, prandaj dua të të them se ka kohë që...

Kam mbajtur në një kasafortë të gjitha gjërat që më lidhin me ty. Më parë vura ca letra të bardha, që intuita më thoshte se do mbusheshin me germa nga ato më të bukurat.

Pastaj rendisja fjalët mbi to.

Pastaj...

Një shishkë të vogël parfumi nga ai që të pëlqente ty. Derisa një ditë më the:

"- Mos e përdor më! Më pëlqen aroma e trupit tënd"...

Dhe mbeti pothuajse plot.

Pastaj sistemova të gjitha rrobat që vishja kur vija tek ty. Ato që kishe prekur mes përqafimeve. Sepse i ndjeja duart e tua në to. Ndjeja aromën që kishe lënë mes tyre.

Sistemova brenda saj gjithë llojet e luleve që të kisha sjellë e do të sillja. Ngjyrë të ylbertë mori së brendshmi ajo kasafortë, sepse ty të pëlqente aq shumë ylberi dhe thërrisje si fëmijë:

"- Doliiii, doliiii! Këtej e tutje do kemi mot të qetë, të paqtë. Do puthemi kur të duam e si të duam".

Më ngazëllente gëzimi yt fëminor. Qeshja, po

për kasafortën ende s'të tregoja. Mbyllja aty hapat e mia të tejdukshme, sa herë ndiqja shpirtin tënd fosforeshent të më thërriste t'i vija pas.

Aty kisha mbyllur hartat e rrugëve që më sollën tek ty. Hartat e vendeve ku ishim bashkë, ku u përqafuam, ku u puthëm dëshirave pa fund. Hartat e ëndërravë që shihja netëve edhe kur nuk isha me ty.

Aty mbyllja ca ndjenja të fshehta, që t'i nuk duhet t'i dije. Sepse do qeshje e do më ngacmoje:

- Po ja ku më ke, m'i thuaj!

Aty mbyllja fjalët, shpresat e bukura për ditët që do vinin. Aty në kasafortën prej kocke, në gjoksin tim. Aty nisi të rrahë një muskul tjetër, enkas për ty. Me katër dhomëza që komunikonin mes tyre. Dy merrnin nga ty, dy jepnin dashuri të pafundme.

Tani kisha dy zemra. Njërën prej të cilave ta dhuroja në heshtje pa ta thënë. Mbylla aty duart që të takonin vetëm ty, përqafonin dhe preknin kurmin tënd aq të ndjeshëm.

Këmbët që vinin vetëm te ty. Të palodhurat, të përkushtuarat në ardhjet e bukura, të trishtat në ikje kur ndaheshim.

Gjithçka që ishte vetëm për ty.

Ndihesha dy, kudo vetëm dy. Edhe unë, edhe ti duke u tretur në një.

Yjësitë që na takonin vetëm ne ishin mbyllur në atë kasafortë që u bë një "unë", vetëm për të qenë bashkë.

Të gjitha letrat që vura u mbushën me germa,

si milingona të hirta që lëvizin e ndërrojnë vend në mijëra përkëmbime fjalësh të bukura, ne aq shumë kujtime.

Unë, brenda vetes në dy!

Unë, njësh vetëm me ty!

05.03.2018

LËNDA